子どもたちの
学びが深まる

シン

課題

づくり

樋口万太郎 著

JN032722

明治図書

はじめに

　本書を手に取っていただき，ありがとうございます。

　本書を手に取った方々は「子どもたちがより動き出すためにはどうしたらいいのか」「もっと自分ごととして学習に取り組んでほしい」といった悩みをお持ちではないでしょうか。本書の提案は，シンプルです。

　課題をアップデートしよう！

　今ある課題をより活かしていこうよ！

ということです。

　・子どもが考え出したくなる課題

　・子どもがグループで取り組みたくなる課題

　・子どもが表現をしたくなる課題

　・子どもがタブレット端末を使うことによさを感じる

　　課題

　・子どもが見方・考え方を働かせる課題

　・子どもが深い学びを実現する課題

といった子どもが主語となる課題を本書では，

　「課題2.0」，そして「シン課題」

と呼ぶことにしました。

「課題2.0」「シン課題」によって,
「子どもたちが自ら動き出します」
「どの子も顔が真剣になります」
「子どもたちが学びを深めていきます」
といった子どもの姿を見ることができます。

　「課題2.0」「シン課題」は,　0から1といったように0からつくり出すのではありません。1から2といったように今ある課題を革新していくことが大切です。今ある課題をより活かしていこうよ,という提案はここにあります。現状ある素晴らしい課題も活かしきれていない可能性があります。それでは,課題1.0なのです。

　しかし,そのための課題のつくり方は本書には掲載していません。これまでの数多くの教育実践にも「課題2.0」「シン課題」があるからです。そういった有名な教育実践を,本書1冊だけにまとめることができないからです。

　そして,1番の理由はこの本についてマニュアル本や,そのまますればよいといったスキル本にしたくなく,

　自分たちで試行錯誤しながら課題づくりをしてほしい
と願っているからです。つまり,読者のみなさん自身で課題をつくるという力をつけてほしいと願っています。

　安心してください。マニュアルのかわりに,「課題2.0」「シン課題」をつくるための方法や特徴,大切にしたいことを語っていきます。

　本書が課題づくりの一助になることを願っています。

樋口万太郎

目次
Contents

3 「課題2.0」の弱点と「シン課題」へのステップアップ

1

子どもが
考え出したくなる
「課題2.0」

1 課題を変革しよう

本書を書こうと思ったきっかけ

　本書を書こうと思った理由はシンプルです。それは，多くの授業を参観しているときに，

その課題では，機能しないでしょう……

と思うことが多かったからです。

　「主体的・対話的で深い学び」を研究テーマにした研究授業を参観したときには，

その課題で，別にグループの子と対話したくないよね

その課題で，深い学びを実現しているのかな

などと思ってしまう課題に出会うことがあります。

　極論の例になりますが，「字をていねいに書きなさい」という個人の活動のときに「対話をする」といったように矛盾しているような課題になっていることもあります。

　さらに，１＋１＝２など，全員の子がわかっているにもかかわらず，話し合いが行われるといったような，子どもが必要感を持っていないのに，話し合いを行うような課題になっているということです。

　「１人１台のタブレット端末の活用」を研究テーマにした研究授業を参観したときには，

別にこの授業，タブレット端末使わなくてもいいよね

無理やりに使っている感があるよな

教科としてのねらいは何かな

と思う課題に出会うことがありました。

　上記のようなことは，私だけでなく参観者も同様に思っていたことがあり，「**別にタブレット端末じゃなくても，これまで通りにアナログでいいのでは**」と協議会で質問をする方に出会ったことがあります。

　なぜこれらのことが起こるのでしょうか。様々な要因が考えられますが，

　主体的・対話的で深い学びにしろ，タブレット端末の活用にしろ，どのようなテーマにしろ，それに対応した課題や仕掛けや環境が必要

なのです。課題や仕掛けや環境のどれかに不十分なところがあるため，上記のようなことが起こってしまうということです。

　4月，学校では研究テーマが発表されることでしょう。研究テーマが発表された後は，研究授業のときだけでなく，普段の授業においても，研究テーマに対応した授業を1年間行っていく必要があります。

　しかし，現状はそうなっていない学校がほとんどでしょう。そのため，研究授業のときだけ行おうとすると，対応しているようで対応していない授業になってしまうのです。

2 教育DX

教育DXという言葉は知っていますか。教育DXとは，

> 学校が，デジタル技術を活用して，カリキュラムや学習のあり方を革新するとともに，教職員の業務や組織，プロセス，学校文化を革新し，時代に対応した教育を確立すること
>
> (https://core-net.net/keywords/kw005/ より引用)

です。さらに，革新の意味をWikipediaで調べてみると，

> 革新（かくしん）とは，字句通りの意味では新たに革（あらた）めることを意味し，既存のものをより適切と思われるものに変更することを意味する

と書かれていました。

革新というと，０から１といったように０から新たなものを作り出すというイメージを持つ方がいますが，そうではなく，

１から２，３へと，より適切にアップデートする

イメージです。場合によっては，

１からＡなど，違うものへとアップデートする

こともあることでしょう。

　本書が提案する課題2.0は，既存の課題をより適切と思われるものに変更していきましょうよ，ということです。1人1台端末の授業，コロナ対策など，平成時代にはなかったものやことが令和時代にはあります。その時代に合わせて，適切に変更していくことは当然のことと言えるでしょう。

　厄介なことは，基本的には自分が小学校時代に受けてきた授業を，先生になったときに再現してしまうということです。私は平成の前半が小学校時代でした。平成の前半のことを，令和の時代にそのまま持ち込むことができないということは想像がつくことでしょう。

不易と流行を言い訳に

　タブレット端末が教室にやってきて以来，「不易と流行」という言葉をよく聞くようになりました。でも，「不易と流行」という言葉を正しく使用することができていますか。使い方を間違えている方に多く出会うことがあります。ちなみに，私は使い方を間違えていました……。

　この「不易と流行」という言葉，とても便利な言葉です。便利な言葉である一方で，「不易と流行」という言葉が先生方の思考を邪魔していることがあるように感じます。この言葉を使えば，みんな何も言えなくなる水戸黄門の印籠（例えが古い……）のようになっていることもあります。

　不易と流行という意味を確認しておきます。

> いつまでも変わらないものの中に新しい変化を取り
> 入れることを指す言葉です。また，新しさを求めて変
> 化をすること自体が，世の常であるということも指し
> ます。
> (https://domani.shogakukan.co.jp/619595より引用)

どうでしょう。みなさんは正しくこの言葉を使えている
でしょうか。

研究授業の協議会などでこの言葉が使用されるとき，

不易…本質的なこと

**流行…その時代によって流行していること。いつかは廃れ
　ること**

というように使われることが多いように感じます。前述の
意味とは微妙に違うことに気がつくでしょうか。「新しい
変化を取り入れる」ということがこの意味では含まれてい
ないのです。私も以前はこのような意味で使用していまし
た。

そのため，

「授業のことは不易，本質的なこと。タブレット端末は
手法であり，流行である」

という残念な主張を聞くことが多くあります。さらには，

「授業のことは不易，本質的なこと。タブレット端末は
手法であり，流行である。だから，タブレット端末を使用
しなくてもよい」

という，より残念な主張を聞くこともあります。

　また，この主張を使い，「不易を大切にし，授業を変えなくてもよい」と言う方もいました。これらの主張は，私からしたら，

　変化したくないという言い訳

にしか聞こえません。たしかに，タブレット端末を使う実践を考えるときに，最初に，タブレット端末をどう使用しようかなとは考えません。

　最初に考えることは，授業の内容のこと

です。授業について考えていくなかで，自然とこの場面でタブレット端末を使おうかな……と思いついていきます。きっと先にタブレット端末をどう使用しようか考えた実践は内容がとても薄いことでしょう……。

　そもそも，タブレット端末を取り入れた授業はこれまでほとんどありませんでした。今まさに，タブレット端末を取り入れた授業についてみんなで創造している段階です。そして，

　教科の学びも不易，タブレット端末を使用していく授業も不易

なのです。このように意識を変えることが我々には求められています。

　GIGA スクール構想以前のような，タブレット端末がない授業などはもう，存在しないのですから……。

　だからこそ，「課題」に新しい変化を取り入れる必要があるということになります。これこそが課題2.0であり，シン課題です。

2人でトライすることは，1人ではトライできないこと

　前述で，「別にタブレット端末じゃなくても，これまで通りにアナログでいいのでは」という方に出会ったと書きました。

　その当時は，アナログでもできるかもしれないけれど，デジタルでもできることはデジタルでしていこうよ，と私自身も主張していました。

　しかし，自分の中で何か違和感があったのです。確かに，言われているようにアナログでできることはアナログでしたらよいのです。

　そういった思いから，最近では，

　ノートではできなくて，タブレット端末だからこそできる

ことをすることが何より有効であり，それを目指さないといけないと思うようになりました。

　（このことにも関係している SAMR モデルについては，127ページをご覧ください。）

　少し話は逸れますが，先日この原稿を書いているとき，ジャニーズの KinKi Kids が25周年を迎えており，様々な番組に出演していました。そのテレビ番組の中で，それぞれのソロ活動とは異なり，KinKi kids としての活動は，

　2人でトライすることは，1人ではトライできないこと

というように述べられていました。

つまり,

1人でトライすることができることは2人ではしない

ということです。この発想と,課題2.0やタブレット端末実践は似ています。我々もKinKi Kidsの2人のような意識を持つ必要があるということです。

誤解をしてはいけないのは,

アナログの方が下でデジタルが上というわけではない

ということです。

どちらが上なのかは正直わかりません。学級通信を手書きで書く,デジタルで書くくらい,どちらの方がいいかなんてわかりません。

人によっては,アナログの方が思考しやすい,分類・整理しやすいということもあることでしょう。もちろん,デジタルの方がいいという人もいることでしょう。つまり,これからの教育は,

子どもたち自身が決定し,実行する

ことがより大切になってくることでしょう。

指導言にも新しい変化

課題に限らず,例えば,指導言においても新しい変化を取り入れる必要があるということになります。

大西忠治氏は,発問,説明,指示に指導言を分類しました(大西忠治『シリーズ・教育技術セミナー2 発問上達法授業つくり上達法 PART2』民衆社,1988)。その指導言

に，新しい変化を取り入れるということです。

　私が１人１台端末授業で使用することが増えた言葉かけです。

　・試してごらん

　・調べてごらん

　・チャレンジしてごらん

　・答えまで辿り着かなくても大丈夫

　・どうしてそうなるんだろうね

　・おもしろそうだね～

　これらの言葉かけは指示のように見えて，従来の指示には入れづらい指導言だと考えています。また，

　・とりあえずやってごらんよ

　・自分たちでなんとかしてごらんよ

といった曖昧な指導言をすることも自分のなかでは増えてきました。これは，決して適当に言っているわけでなく，指導の放棄をしているわけでもなく，試行錯誤をしてほしい，子どもたちが力を合わせたら，どうにかなるなどと考えた上での発言になります。しっかり授業を考えたうえでの指導言です。

　こういった指導言はこれまでとは違う新たな変化，指導言2.0と言えるのではないでしょうか。

板書にも新しい変化

　原稿を書いているとき，私は15年ぶりに国語科の研究授業を行いました。そのときの板書が以下になります。

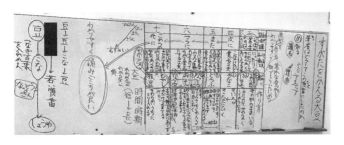

　もちろんこの授業は，1人1台端末の授業です。タブレット端末を使用している子もいました。

　タブレット端末が入ってきて，板書をしなくなったという話を聞くことがあります。

　たしかに，学習内容によっては板書をする量が減ることもあります。でも，毎時間板書をする量が減ったりすることはありません。むしろ，これまで以上に板書量が増えるということもあります。

　だから，タブレット端末が導入されたことで，

　板書が必要ない，板書を全く書かない

とは全く思いません。板書に新しい変化があった結果は，板書2.0に板書が必要ない，全く書かないということではないということです。

板書に新しい変化があるとしたら，板書2.0とは，

板書は，子どものノートに子どもの思考を促すツール

だということが従来の板書に加わることだと考えています。
もちろんこのような使い方をこれまでにもされてきた方も
いることでしょう。言いたいことは，常に板書＝子どもの
ノートではないということです。

　前ページの板書を見てみると，表の中に書き込んだり，
線で結んだり，ファシリテーショングラフィックのような
板書になっています。

　これからの板書は，より思考を促すというツールの役割
が大きくなるということです。だから私には「板書をしな
くなるということは，思考を促すチャンスを逃してしまう
のでは？」と思えてしまうのです。

課題2.0とは

　さて，本書で提案している課題2.0についてです。ここ
までで，課題にも新たな変化を取り入れないといけないと
いうことは納得してもらえたのではないでしょうか。

　2章からは実践例を交えながら，書いていきます。そこ
で，この1章では，概要だけ書いておきます。

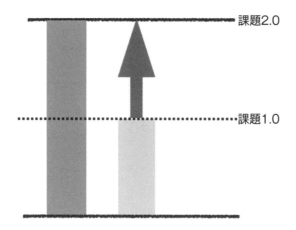

　これまでの課題が課題1.0です。アップデートされた課題が2.0となります。課題1.0と課題2.0の関係は上記のようになります。

　矢印のところが，課題1.0を課題2.0へとアップデートするためのポイントになります。

　1章とこれからの2章で解説している13個のポイントは，アップデートするためのポイントということです。何もなくて，アップデートされるわけではありません。今日の授業で使用する課題に，13個のポイントのどれかはあてはまっていますか。考えてみて下さい。

3 課題1.0から課題2.0へ

▼▼▼▼▼▼▼▼▼▼▼▼▼▼▼▼▼

2つの課題を考えてみよう

　ここでは，課題から課題2.0へのアップデートについて考えていきましょう。それでは，みなさんに課題です。もし可能でしたら，①の課題に取り組んでから，②の課題へとお進みください。

　①みなさんの住んでいる所の魅力を考えましょう

では，次の課題です。

　②みなさんの住んでいる所の魅力を5分間で100個書いてください

　課題に取り組んでくださったみなさん，ありがとうございます。実はこの課題に取り組んでもらうことが目的ではありません。みなさんに考えてほしいことは，

　①と②のどちらが，誰かと一緒に考えたくなる課題でしょうか

ということです。

　もう少し課題を出しますので，お付き合いください。

　　③友だちの台上前転のよいところ・改善点を説明しま
　　　しょう
　　④友だちの台上前転のよいところ・改善点を友だちが納
　　　得できるように説明しましょう

　この③と④の課題で考えてほしいことは，

達成できそうで達成できない課題はどちらでしょうか

　そして，最後に，この③と④の課題，そして前述の①と
②の課題で考えてほしいことは，

　**どちらが，タブレット端末を使いたくなる課題でしょう
か**

ということです。

　まずは，①と②の課題について解説していきます。

　おそらく読者の多くは，誰かと一緒に考えたくなる課題
として，②を選ばれたのではないでしょうか。

　Instagram でも，「①と②のどちらが，誰かと一緒に考
えたくなる課題でしょうか」というアンケートを実施しま

した。結果は，

　①116票（23%）　②390票（77%）

になりました。3倍以上の方が②を選択しています。

　私自身，「②みなさんの住んでいる所の魅力を5分間で100個書いてください」の方が誰かと一緒に考えたくなる課題として，作成をしています。1人では達成することができなくても，5人ならなんとか100個見つけることができるのではないかと思うことでしょう。これは，子ども自身も同様に感じることでしょう。

　さて，③と④の課題についてです。

　③と④の課題の違いは，「友だちが納得できるように」という文言があるか，ないかということです。

　友だちが納得できるようにするためには，どうしたらいいでしょうか。

　「足をもっと伸ばしたらいいよ」とアドバイスをしたとしても，本人が足を伸ばしていると思っていては，そのアドバイスはあまり有効ではありません。「もっと体を丸めた方がいい」とアドバイスをしたとしても，どう丸めたらいいかわからない可能性があります。

　このように，言葉だけの空中戦だけだと，相手に伝わらない可能性があります。③の課題は「説明しよう」なので，とにかく相手に説明をしたらよいということになり，このようには思わないかもしれませんが……。

　このように考えると，④の方が達成できそうで達成できない課題と言えます。

どちらの課題がタブレット端末を使いたくなる課題？

　①と②の課題，③と④の課題で，どちらがタブレット端末を使いたくなる課題かといえば，②と④です。

　②では，5分間で100個集めるためには個人よりもグループで取り組む方がよいです。それぞれがアイディアを出していても，重なりがあることもあります。交流することにも時間がかかります。そこで，上記の課題とは異なるのですが，例えば Google の Jamboard を子どもたちが使って，考え・表現したものになります。

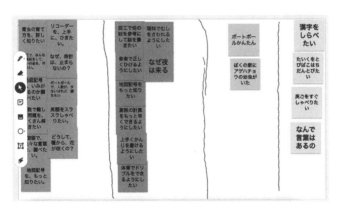

　自分の考えを出しながら，分類・整理をしたりしながら，この課題を進めていくことができます。上記の課題でも同様のことができます。このように，

　協働して取り組むときの円滑なサポートをしてくれる存在がタブレット端末

なのです。

　言葉だけで伝えるのではなく，台上前転をしている様子を動画や写真にとっておき，それらを見せながら，「足をもっと伸ばしたらいいよ」とアドバイスするだけで，相手は納得することでしょう。本人が足を伸ばしていると思っていたとしても，動画や写真という事実があるため，その子は納得するということです。

　台上前転をしている様子をとった動画や写真にペン機能を使い，書き込みをしながら「もっと体を丸めた方がいい」とアドバイスをしたり，体を丸めてできている子の動画や写真と比較したりして，話をするとより納得するでしょう。

　このように，

相手に伝わるようで伝わらない場面で，効果的にサポートしてくれる存在がタブレット端末

なのです。

　もちろん①や③の課題でも，タブレット端末を使わないわけではありません。しかし，②と④の方がより有効だということを，大人も子どもも感じることでしょう。

どちらが課題2.0

　①と②の課題，③と④の課題のどちらが課題2.0と言えるでしょうか。

　そうです。

②みなさんの住んでいる所の魅力を５分間で100個書い

てください

④友だちの台上前転のよいところ・改善点を友だちが納
得できるように説明しましょう

が課題2.0です。そして、②と④は前述のとおり、タブレ
ット端末を使いたくなる課題と言えます。つまり、

課題2.0とタブレット端末は相性がよい

ということになります。このような特徴が課題2.0にはあ
ります。他の特徴として、

> ・子どもが考え出したくなる課題
>
> ・子どもがグループで取り組みたくなる課題
>
> ・子どもが表現をしたくなる課題
>
> ・子どもがタブレット端末を使うことによさを感じる
> 課題
>
> ・子どもが見方・考え方を働かせる課題
>
> ・子どもが深い学びを実現する課題

といったことがあげられます。こういった、アップデート
した課題を本書では、

「課題2.0」、そして「シン課題」

と名付けます。シン課題については、3章より説明をして
いきます。本書は前から順番にお読みください。そうする
ことで、課題1.0、課題2.0、そして、シン課題の関係が
見えてくることでしょう。

課題②と④のようにアップデートするポイントは？

　課題②には，本書で提案する課題2.0の課題づくりのポイントの１つ目，２つ目が含まれています。それは，

> **ポイント①**
> 　具体的な数を入れた課題にする
> **ポイント②**
> 　達成できそうでできない（数値設定の）課題にする

です。達成できないような数値設定ではいけません。この数値設定は，目の前の子どもたちによります。試行錯誤をしてみてください。なんでもかんでも数値設定をすればよいというわけではありません。多様な考えや意見が出てくるときに使用しましょう。

　④の課題のように，納得するまで説明する方法に正解はありません。

> **ポイント③**
> 　「納得する」といった，正解のない課題にする

といったことも課題づくりのポイントになります。

　では，次のページからは３つの事例をもとに，さらなるポイントや課題2.0の構造について考えていきます。

4 3つの事例から課題2.0 へのポイントを考える

事例① 英語の動画

　本校では，朝にモジュールで英語の学習をしています。先日，こんな場面がありました。

　英語の動画を見て，単語を復唱していました。子どもたちの興味を引く動画です。子どもたちはその動画に登場するキャラクターも大好きです。

　動画を見終わると，ある子から「先生，動画の速度を上げてほしい」というリクエストがありました。時間があったため，

リクエスト通りに動画の速度を上げた

ところ，子どもたちの声のボリュームが大きくなったり，取り組む姿勢がよりアクティブになったりしたことが目に見えてわかりました。リクエスト通りに動画の速度を上げただけで，子どもたちに変化があったのです。

事例② 物語文・説明文の音読

　私は国語科の説明文の学習では，

「アナウンサーのように噛まずに音読する」という課題

を設定し，音読の練習をするようにしています。

　授業で音読をするときも，

　「噛んだら次の人に交代」

というルールで取り組むことがあります（吃音の子がいる
ときには行いません）。

　噛まずに最後まで読み切ろうと，子どもたちは先ほどの
英語の場面のように，ただ音読をしようというよりも取り
組む姿勢がよりアクティブになることが目に見えてわかり
した。

　1文字目で噛んでしまい交代ということもあります。そ
れが何人も連続すると，教室では笑いが起こり，温かい雰
囲気につつまれることもありました。

　物語文では，

　「見開き1ページをおよそ1分で読もう」という課題

を設定することがあります。これは，土居先生の『クラス
全員のやる気が高まる！音読指導法　学習活動アイデア＆
指導技術』（明治図書，2021）を参考にし，このような課
題設定をしています。

　例えば見開き1ページを30，40秒と1分より速く読んで
いると，「，」や「。」を意識せずに，適当に読んでいる可
能性があります。そのため，今より遅めのスピードで丁寧
に音読をしていく必要があります。

　1分よりはるかに遅いと子どもたちはより速く読む練習
をしなければいけません。

　私はこの課題は全学年で行っています。ただし，学年が

上がるにつれて，見開き1ページあたりの文字数は増えていきます。そこで，文字数によって，1分20秒とか1分30秒といったように変更することもあります。そのため，およそ1分なのです。

　どちらの場合にせよ，子どもたちは，1分を目指し，とてもアクティブになります。

事例③　九九を超える数のわり算

　3年生，算数の授業です。

　36個のおまんじゅうがあります。3人で分けます。1人何個になりますか

という問題を提示し，以下のような図も同時に提示しました。

　その上で，

「**これまでのわり算と何が違う？**」

と子どもに聞きました。子どもたちからは，

　・九九を超えている

> ・九九のようにすぐに答えを求めることができない

といったことがつぶやかれました。

　そこで，

　「じゃあ，これまでの学習（九九）を使って考えることはできなさそう？」

と聞き，子どもたちと，

　36÷3の計算の仕方をこれまでの考え（九九）を使って，説明しよう

という課題を設定しました。

　子どもたちには，これまでのノートや教科書，タブレット端末を見ながら考えている子もいれば，話し合ったりしている子もいました。

　計算の仕方を考えた後は，計算の仕方を説明しようと，席を歩き回り，ホワイトボードやノートや Google Jamboard（ホワイトボードやノートの画像を子どもたちに配信している）を使いながら，相手にわかってもらおうとアクティブに取り組んでいました。

一般的な課題と３つの課題を比較

　ここまでに，英語の動画，説明文・物語文の音読，算数の課題の３つの事例を出しました。

　これらの３つの事例は一般的な課題（課題1.0）だと，

> ・普通の速度で動画を見る
>
> ・（説明文，物語文を）音読しよう
>
> ・36÷3の計算の仕方を考えよう

といった課題になることでしょう。

　この一般的な課題（課題1.0）と3つの課題（課題2.0）の差はなんでしょうか。比較し，分析をすることで，課題1.0から課題2.0へとアップデートするポイントが明らかになりました。

　事例①についてです。

　普通の速度で動画を見る→速度が上がった動画を見る。

　速度を上げることによって，これまでできていたことができなくなります。しかし，

　少し頑張ることでできる

かもしれません。決して，

　全くできない課題というわけではない

ということです。つまり，ポイント②が入っていることがわかります。このことから，「速度を上げて練習する」ということは課題2.0になります。

　速度が上がるということが，

　遊びのように感じる

子どももいるように感じます。実際に，「これ，なんか遊びみたい！」「ゲームみたいで楽しい」といった声を子どもたちから多く聞きました。

　子どもたちは学習に夢中になると，遊びのように感じる

のかもしれません。

　このように，他の事例についても分析をしていきます。

音読と算数の事例からわかるポイント

【音読をする→アナウンサーのように噛まずに音読する】

　ただ音読をするよりもプレッシャーがかかります。①の動画のときと同様に少し頑張ることでできるかもしれない，全くできない課題というわけではないということを感じるでしょう。

　それに加え，

　プレッシャーや緊張感を心地よく感じている

ように，子どもたちの様子を見ていて感じます。この心地よいプレッシャーの差にも，課題1.0と課題2.0の違いを感じました。

　心地よく感じることができないプレッシャーや緊張感はストレスしかありません。また，プレッシャーや緊張感が全くないということも，子どもたちにとってはマイナスになるでしょう。

【音読をする→見開き1ページを1分で音読する】

　この課題の場合「見開き1ページ」を，

　1分で音読するという明確なゴール

があります。ゴールを達成しようと子どもたちは動きます。

　また，1度読んだとき，自分の音読の様子とそのゴールにどれほどの差があるのか，自分自身でわかります。その

ため，より積極的に子どもは動き出します。

> **ポイント④**
>
> 　達成するための見通しが見えやすい，自分は何をすればいいのかがわかりやすい課題にする

【36÷3の計算の仕方を考える→36÷3の計算の仕方をこれまでの考えを使って，説明する】

　「これまでの考えを使って」ということによって，子どもたちは，これまでの考えとはどのような考えなのか，

　自然と既習を振り返る

ことができます。

　また，相手に伝わるように説明をしないといけないため，図や言葉や式などを使っていく必要があります。

　そのため，36÷3の計算の仕方を考えるよりもハードルが上がります。そして，計算の答えを考えたらゴールという，答えのあるゴールから，36÷3の計算の仕方をこれまでの考えを使って説明するという，

　明確なゴールのない，答えのないゴール

へと変わります。

> **ポイント⑤**
>
> 　答えのない課題にする

　そのため，先行学習の子たちも，説明をすることに程よい難しさを感じることでしょう。

5 課題2.0の構造

課題2.0の正体

　ここまで事例を比較してきました。私自身，分析をしていく中で，次の図（以下，課題づくり図とする）が思い浮かんでいました。

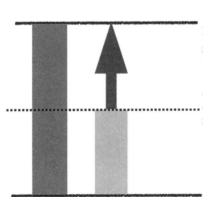

速度が上がった動画を見る
アナウンサーのように噛まずに音読する
見開き1ページを1分で音読する
36÷3の計算の仕方をこれまでの考えを使って，説明する

普通の速度で動画を見る
音読をする
36÷3の計算の仕方を考える

　あれ？　この図って……と思われた方がいることでしょう。そうです。ヴィゴツキーが提唱した，

　「発達の最近接領域(zone of proximal development)」
です。

　「発達の最近接領域」とは，「自分一人では取り組むこと

が難しいけれど，他人の協力があればできるかもしれない領域」のことです。前ページの図の矢印のところです。

　この構図と課題2.0が一致すると考えています。どのような課題を提示しても，発達の最近接領域がうまれるというわけではありません。

ポイント①

　具体的な数を入れた課題にする

ポイント②

　達成できそうでできない（数値設定の）課題にする

ポイント③

　「納得する」といった，正解のない課題にする

ポイント④

　達成するための見通しが見えやすい，自分は何をすればいいのかがわかりやすい課題にする

ポイント⑤

　答えのない課題にする

といった，

　ここまでに紹介したポイントを課題に取り入れる

ことでアップデートすることができるということです。このポイントが，課題1.0から課題2.0へと課題をアップデートする要素と言えます。

　その結果として，課題2.0は，

協働したくなる課題

タブレット端末との相性がとてもよい課題

となるということです。

アナログ・デジタル版課題づくり図

　課題2.0ではタブレット端末を子ども自身が使用することは必要不可欠です。タブレット端末を取り入れた授業でよく議論になる「使用するツールはノートなのか，タブレット端末なのか」という話も，課題づくり図にあてはめることができます。

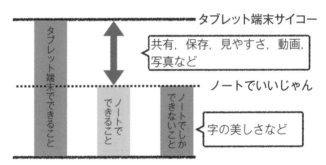

　ノートではできなくて，タブレット端末だからこそできることがあります。

　例えば，

　・自分の表現物の共有

　・保存

　・一つの画面上でこれまでの学びの履歴を見ることがで

きる見やすさ

・動画，写真

・協働して表現物を作る

などです。

　これらのことを使うような課題だと，ノートではできなくて，タブレット端末だからこそできる課題になると言えるでしょう。

　ただ，タブレット端末だからこそできる課題というのは，

**　紙では叶わないほどの子どもの思考を促したり，表現したりする**

ことができるという事実があります。

　その一方で，ノートといったアナログでしかできないこともあります。

　例えば，習字といった，字をきれいに書くということはアナログでしかできません。漢字ドリルなどもアナログでないとできません。

　他にも，

・実際に植物や虫を観察

・図形を操作

するといったことは，よほどタブレット端末の性能が上がらない限りは，これからもアナログで取り組んだ方がいいです。

ナンセンスな話

　この原稿を書いているときに，新聞作りはアナログで取り組みたいと主張される先生に出会いました。その先生が主張されているように，

別にアナログで取り組んでもかまいません。

　こだわるところはそこではありません。

　デジタルでないといけない，アナログでないといけないという発想は，

はっきり言えばナンセンス

です。

　間違えてはいけないのが，新聞作りを行う目的が，

・アナログの方が綺麗に描ける

・後ろに掲示することができる

といったことになってはならないということです。

　考えないといけないのは，

その新聞作りを何のためにするのか

なぜアナログでその新聞作りをするのか

ということです。教科として，コンピテンシーに関わることをしっかりとねらいとして添えないといけないのです。

　これがはっきりしていないと，

デジタルで新聞作りをしても課題1.0どまり

になってしまうのです。

　逆に，「何のために」がしっかりしていれば，

アナログでも課題2.0になる

可能性があるということです。

結局のところ

What	「何を教えるのか」
How	「どうやっておしえているのか」
Why	「なんのためにするのか」

　結局のところ，何のために取り組むのかということです。ここを考えない限りは，教師としての成長はないかもしれません。

　GIGA スクール構想以前から，この教科，この単元，この研究授業では，何を教えるのか，どうやって教えているのかといった議論が多くなされてきました。もちろん大切なことではあります。でも，それだけではいけないのです。

　そして，GIGA スクール構想により，より何を教えるのか，どうやって教えているのか・使うのかといったことに拍車がかかりました。

　ここ数年で，Instagram では，「授業がうまくいく3つのこと」「明日すぐに使えるネタ3選」のような投稿がとても増えてきました。こういった投稿は，即時的に使える

こと，実際に成果があるということも事実でしょう。こういったことを知ることによって，自分の指導の引き出しが増えることも事実です。私も20代のころはそのような引き出しを増やしていました。

　課題2.0について，あるセミナーで発表をしたときに，「課題2.0をつくるのは簡単ですか」という質問がありました。課題2.0は簡単かもしれませんが，3章で書いていくシン課題は難しいです。そもそも，この質問も即時的に使えること，成果があることを求める質問になっています。それでは，何を教えるのか，どうやって教えているのか止まりです。SNSの投稿によっては，何のためにするのかというところに行き着いてないこともあります。

　だから，20代のときの私は，引き出しを増やしているにもかかわらず，

　　・引き出しが増えている感覚がなく

　　・何か自分の力になっていない感覚になる

　　・同じ引き出しを違う言い方にしただけのものを新たな
　　　引き出しと感じてしまう

といった悪循環がありました。これはやはり，何のためにするのかというところが抜けていたからなのでしょう。

　そこから抜け出すには，

　　自分で課題を考えるという力を身につけないといけない

のです。こういった，自分で課題を考える力は教師としての資質・能力と言えるのではないでしょうか。

6 なぜ課題2.0に取り組む 必要があるのか

未来と現在

　１章の最後に，なぜ課題2.0に取り組む必要があるのかということに対しての，私の願いを書いていきます。

　2022年夏，「子どもの教育のために私たちが今できること」というテーマで「未来の教育」に向けて話をしてきました。どのような話をしようかとても迷いました。

　迷った理由は，

　未来なんか誰にもわからない

と思ったからです。例えば，みなさん「10年後，何をしていますか？」と聞かれて，明確に答えることができるでしょうか。こんなことをしていそうかな，こんなことをしていたいなといった予測や願望は持てるでしょう。しかし，明確なことは難しいことでしょう。

　私自身も，執筆している2021年の夏，翌年に私立小学校に異動しているなんて，１mmも予想していませんでした。未来がわからないからこそ，面白いとも言えますが……。

　最近，書店にいくと未来の○○，2030年の○○，2040年の○○，未来予測といった書籍を多く見かけるようになりました。SNSでも未来の○○といった投稿をよく見かけ

ます。

　私もそういった本やSNSの投稿はどちらかといえば，よく見る人です。そういった本を購入する人です。

　しかし，本やSNSの投稿を見ていると，

　　・未来ばかりに目が向きがちで現在を見ていないのでは？
　　・現在を見ていても，目の前の子どもたちのことを見ているのか？

と感じてしまうことがあります。

　そして，私がひねくれているからなのか，

　　・こうすれば，こういう未来になる。
　　・未来を変えるためにこういうことを今すればよい。

ということは，何かおこがましいのでは？　と思ってしまいます。

　未来について考えるのではなく，

　　・未来の子どもたちにどんな力をつけてほしいのか
　　・そのためには，現在の子どもたちにどんな力をつけたいのか

ということをセットにして，子どものことを考えていくことが大切です。

資質・能力と教科としての学び

「未来の子どもたちにどんな力をつけてほしいのか」「そのためには，現在の子どもたちにどんな力をつけたいのか」と書くと，なんだか大きな範囲での話に聞こえてきます。

そこで，少しずつ範囲を狭めていきます。

6年間の中で……。

1年間の中で……。

1学期期間の中で……。

1日の中で……。

各教科の中で……。

このように狭めていくことで，勘のいい方は気づかれたでしょうか。「未来の子どもたちにどんな力をつけてほしいのか」「そのためには，現在の子どもたちにどんな力をつけたいのか」ということを意識しながら，「日々の教育活動を……」と書いていくと，みなさん気づいたことでしょう。

・未来の子どもたちにどんな力をつけてほしいのか

　→資質・能力

・そのために，現在の子どもたちにどんな力をつけたいのか

　→教科としてどのような力をつけるのか

と考えることができるということです。つまり，現在の学習指導要領で言われていることと，そう変わりはないのです。これまでも，教科としてどのような力をつけたらいいのかということは検討されてきたことでしょう。しかし，これからは未来について，資質・能力についてもセットにして，授業を考えていかないといけません。

　だから，

・タブレット端末を使っておけばよい

・特殊なアプリを使っておけばよい

・珍しい取り組みをすればよい

というわけではないということです。

　では，私が子どもたちに，未来で，資質・能力でどのような力を身につけてほしいかといえば，

きょうそうしん

です。きょうそうしんとは，競走心，狂騒心，強壮心などではありません。きょうそうしんとは，

共創深

のことです。共創深とは，

共に　創造　深く

の頭文字をとった造語になります。

　共創深という言葉，これまでの実践，出版してきた本のテーマを次のページにまとめてみました。すると，どの取り組みも根本にあるのは，共創深なのです。

　つまり，私は，

共創深を子どもたちに養うために，課題2.0に取り組む

という根本的なねらいを持っています。授業に共創深を意識するようになると，授業がどんどん変わっていきます。

　私の最近の主張は，未来と現在のことを踏まえながら，取り組んでいきましょうよ，ということです。

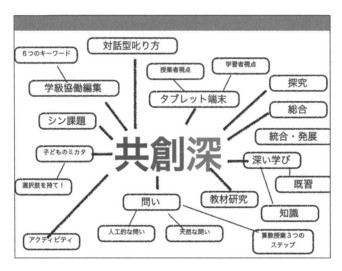

　上の表は，最近の私が大切にしているキーワードや本のタイトルをまとめたものです。

実践例から考える！

子どもたちが
考え出したくなる
課題づくり

課題2.0の実践事例1

1 ローリング音読

それでは，実践事例をもとに課題2.0のポイントについてさらに見ていきましょう。

みなさんはローリング音読を知っていますか。私は，ただただおもしろい授業を追究する会（以下，ただおも）という会に所属しています。

クラスで学力がしんどい子が，クスリと笑ってくれる，「今日の授業，楽しかったな」と思ってくれるような，ただただおもしろいことをしようというのが会のコンセプトです。ただおもから，『笑顔で全員参加の授業！ただただおもしろい指名の方法48手』『5分でクラスの雰囲気づくり！ただただおもしろい休み時間ゲーム48手』『授業が一気に活性化！ただただおもしろい音読の方法48手』などの書籍（いずれも明治図書）が出ています。

その中の『授業が一気に活性化！ただただおもしろい音読の方法48手』で，垣内幸太先生がローリング音読という音読法を提案しています。

ローリング音読とは，

教科書を回しながら，まじめに音読をする

という音読方法です。国語科を研究している方からは怒られそうな音読方法ですが，子どもたちからはとても人気の

音読方法です。

　この音読法も先の課題づくり図にあてはまります。ローリングをすることによって，子どもたちの中に，達成できそうでできない壁ができます。

　垣内先生，日野英之先生がただおもで発表される実践は，大人の先生たちも笑います。このお二人に聞いたことはありませんが，きっと自分自身が楽しいかどうかということも考えていることでしょう。

　課題を考えていくときには，**目の前の子どもたちの実態を踏まえながら考えていくこと**を大前提とした上で，

> ポイント⑥
> 　自分自身が楽しい課題にする

ということも課題づくりで大切な視点だと言えそうです。

　私は，音読について長年思っていることがあります。それは，**音読ではなく，朗読をさせよう**としていないかということです。

　音読も朗読と同じく，役者の演技のように，気持ちを込めて，文を読むというイメージを持っている方が多いように思いますが，そもそも音読と朗読は違います。「補習授業校教師のためのワンポイントアドバイス集」によると，

> 　「音読」は，黙読の対語（たいご）だから，声に出して読むことは広く「音読」である。
> 　「音読」は，正確・明晰・流暢（正しく・はっき

り・すらすら）を目標とする。

　「朗読」は，正確・明晰・流暢に以下を加える。

　ア　作品の価値を音声で表現すること

　イ　作品の特性を音声で表現すること

（https://www.mext.go.jp/a_menu/shotou/clarinet/002/

003/002/007.htm より引用）

ということが書かれています。また，平成10年版「学習指
導要領」では，

　「音読」…小1〜4の理解領域

　「朗読」…小5，6の表現領域

というようにも書かれています。

　「『アナウンサーのように噛まずに音読する』という課
題」とローリング音読は，あくまで音読法です。こういっ
た課題を提示することにより，自然と，

　・**正確・明晰・流暢（正しく・はっきり・すらすら）に
読もうとする子どもたちを引き出すことができます**

　・**正確・明晰・流暢（正しく・はっきり・すらすら）に
読むことが大切だということに気づくことができます**

といったことをねらいとしています。このような音読・朗
読といった知識がなければ，課題2.0を設定することはで
きないでしょう。

　単に楽しいから，この課題を提示しておけではいけない
のです。実はしっかり考えられている課題と言えます。

課題2.0の実践事例2

２ 「拡大と縮小」の実践

　６年生算数「拡大と縮小」の実践単元の終わり（２時間扱い）に行った実践です。

　この授業の簡単な流れは，以下の流れです。

①課題の提示

②リフォームしたい場所を決定

③測定をする

④ノートもしくはタブレット端末上でまとめる

⑤友だちに見せ，相互評価をする

⑥自分の表現物を修正し，提出する

（⑦後日評価したものを返却）

　子どもたちに，

　あなたはリフォーム会社に勤めています。

　学校のどこかをリフォームするための予算が下りてきました。そこで，学校のリフォームする場所を決め，リフォームするための設計図を書きましょう。

という課題を提示しました。また，２時間で行うこと，どのような活動を行うのか，上に示した流れを提示しました。

　子どもたち自身で決定し，その場所の長さを測定しにいきます。測定するためにメジャーとタブレットにある測定

機能を使って行いました。縮尺は自分たちで決めます。

　グループで同じ場所を選んでいる子もいましたが，測定や図を描くことはそれぞれで行うようにと話をしました。

　この授業では，タブレット上にメモをして，最後にノートに完成系を描くということを多くの子が行っていました。
　完成した表現物は，アプリ上で提出するように指示をしていましが，表現物をノートで作るのか，アプリ上で作るのかは子どもたちに選択させました。

　しかし，ほぼ全員がノートを使用しました。ノートには

方眼紙があり，それを使うことに子どもたちが便利さを感じていたため，ノートを選択している子が多かったです。

　さらにこのときの子どもたちは，

　・どの活動にどれだけ時間をかけるのか

　・どの場所をリフォームをするのか

　・どのように測定をするのか

　・縮尺をどうするのか

　・タブレット端末上でまとめるのか，ノートでまとめるのか

　・一人で取り組むのか，グループで取り組むのか

といった，自分自身で選択し，決定することが数多くありました。課題2.0はこのように，

ポイント⑦
　自分たち自身で選択・決定する機会がある

ということも特徴として言えます。

　課題2.0では，**一人で取り組んでもよいし，協力しながら取り組んでもよいということが基本ベース**です。

　この授業では最後に，タブレット端末上で提出をしてもらい，提出したものは評価をし，後日返却しました。

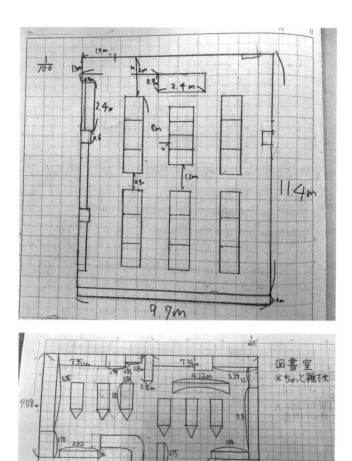

子どもたちが作成した表現物

課題2.0の実践事例3

3 「道のりときょり」の実践

1時間目の授業

　3年生算数「道のりときょり」の学習で，巻尺が登場します。そこで，「巻尺で測定をする」という経験を子どもたちに積ませよう，そしてもう１つのことをねらいにたて，授業をつくることにしました（もう１つのねらいは後述）。６月中旬の実践です。

　前時に巻尺の使い方，測定方法，読み方などについて学習をしています（実際には本実践は２時間目になります。しかし，次時以降の授業とのねらいをわかりやすくするため，本授業を１時間目とします）。本授業では，

「巻尺を使って，測定をしよう」

と課題を子どもたちに提示しました。この課題は課題2.0です。

　ただ，課題を提示して，「はい，どうぞ！　やってみよう」では，結果として，課題2.0から課題1.0にレベルダウンをしてしまう恐れがあります。

　そこで，私は子どもたちに，

「じゃあ，測定をしたいものをグループで10個選んでご
らん」

と言いました。１人ではなくグループで10個です。なぜ，
個人ではなくグループで10個にしたのか，理由が３つあり
ます。
　　①巻尺は個人ではなく複数でないと測定するこができな
　　　い。１人につき10個だと他者が測定しているときに興
　　　味を持たない可能性がある
からです。そして，
　　②10個選ぶためには協働するしかない
からです。さらに，
　　③巻尺で測らなくてもよさそうなもの，巻尺で測らなく
　　　もよさそうなものを精査することができる
というねらいを持っていたため，このような活動を取り入
れました。

運ゲーに頼るな

　「巻尺を使って，測定しよう」という課題で，別に測定
したいものを事前に決定しておかなくてもいいのではない
かと思われた方もいるかもしれません。しかし，事前に決
めておかないと，場当たり的な，運ゲー的な活動になって
しまう恐れがあります。
　運ゲーとは，ゲームの中でも運に左右される部分が大き

なものを意味する語です（https://www.weblio.jp/
content/ 「運ゲー」より引用）。

　その場の運に頼った，子どもの発言・行動が出てくることに頼りすぎては，運ゲーになってしまい，はっきり言えばダメです。こういった授業がとても多いです。というか，私自身の20代のころの研究授業はこのような運ゲーに頼った授業展開がほとんどでした。

　授業は運ゲーではありません。「こういった考えが授業で出てきてほしい」と思ったときには，運に頼るのではなく，教師からの「しかけ」が必要です。そのしかけも明らかなものではなく，仕掛けられていると子どもが思うことなく，子どもたち自身が自然と「気づいた」と思うようなしかけが理想です。

　巻尺の例で言うと，測定したいものをグループで10個選ぶということが「しかけ」になります。そして，ねらいがあるから運ゲーにはなりません。

　もし，「鉛筆の長さを巻尺で測ろう」ということが，グループで10個選ぶ活動後にも残っていたとき，

　①そのまま取り組ませる

　②それは物差しで取り組んだ方がよいとはっきり否定する

　③それは本当に巻尺で測るのがいいのかな

といった３つの選択肢が教師には生まれます。みなさんなら，どれを選択しますか。

　私は①と③で迷います。

①は，取り組んでいく中で，これは巻尺ではないと子ども自身が気づく可能性がある。

③は②に近いが，「ものさしで測定する方がいいよ」「巻尺で測定することは違うよ」という匂わせになる。

このように考えると，私は①を選択します。そして，全体で考えを交流するときに，「先生，鉛筆を巻尺で測ったら～」と言い，全体での話題にします。これを「〇班が鉛筆を巻尺で測っていましたが～」と言うと，何かその子たちを否定してしまうような構図ができてしまいます。教師を主語にすることで，矛先は教師の方を向きます。

また，「②それは物差しで取り組んだ方がよいとはっきり否定する」は，この段階では言いません。言うとしたら，グループ活動中です。この段階で言うと，「もっと早くに言ってよ……」と子どもたちが思ってしまうからです。これでは，子どもたちは教師に不信感を抱いてしまうかもしれません。

また，測定したいものを事前に決定することはあたりまえと思われるかもしれませんが，しっかりと測定したいものを決めるといった，きめ細やかな指導や支援は必要です。

こういった細やかな指導や支援がないと，子どもがつまずいてしまう可能性が増え，どんないい課題も機能しなくなってしまいます。

グループで測定したいものを決めた後は，実際に測定していきます。

　実際に測定していくことで，子どもたちは測定の仕方を学んでいきます。最初はうまくいかないかもしれません。

　「そこ，0に合っていないよ」

　「まっすぐになっていないよ」

　「え!?　どうやって読むの!?」

といった活動を悪戦苦闘，試行錯誤していくなかで，子どもたちは測定の仕方を学んでいきます。子どもたちには，

　　悪戦苦闘する，試行錯誤する体験・経験が大切

になります。

どうして課題2.0なのか

　「巻尺を使って，測定をしよう」が課題2.0ということには，みなさんも納得したのではないでしょうか。

　少し違う視点で，この課題について見ていきます。この課題を提示されたときのことを子ども目線で考えてみると，

　算数の授業は基本的に教室で行うという日常

　↓

　算数の授業なのに教室から飛び出して行うという非日常

と言えます。つまり，

> **ポイント⑧**
> 　非日常的な課題にする

ということです。

　上の写真は巻尺を使って，測定している様子の写真です。教室から出たところでの活動になります。

　同じ材料・調理の仕方にもかかわらず，家で食べるカレーよりもキャンプファイヤーで作るカレーの方がおいしく感じることがあります。みんなで作るカレー，そして環境といった非日常的なことが理由だと考えられます。

　他にも，家では仕事へのやる気が出ないため，スターバックスなどに出かけ，仕事をするといったことも同様です。

　普段とは環境が違う非日常的な環境によって，子どもは動き出します。だから，

**　環境は大切！**

ということが言えます。環境によって，課題2.0がレベルダウンしてしまう可能性もあります。

　環境ももちろん大事ですが，こういった非日常生活を演

出するだけで課題2.0になるのでありません。

　例えば，「今日は算数の授業を運動場でするよ」と言うと，非日常であるため，子どもたちは盛り上がることでしょう（どうして運動場なのかは置いておきます……）。

　でも，次の回に「今日も運動場でするよ」と言うと，確実に子どもたちのテンションは下がってしまいます。

　そんな様子を見て，子どもたちが自ら動き出すテンションを持続するために，教師は場所を変え続けたとします。

　「じゃあ，今日は体育館でするよ」

　　→子どもたちは盛り上がる

　「昨日は体育館だったけど，今日は理科室でするよ」

　　→子どもたちは盛り上がる

　「昨日は理科室だったけど，今日は音楽室でするよ」

　　→子どもたちは盛り上がる

　「昨日は音楽室だったけど，今日は音楽室でするよ」

　　→子どもたちは盛り上がる

　以下，この繰り返しです。負のスパイラルであることがわかるでしょうか。環境を変えるだけでは何も変わらないということを。

　そして，環境が変わることで戸惑う子がいたり，通常ではできていたことができなくなる可能性もあることを忘れてはいけません。

　また，環境が変わるということが日常化してしまい，いつのまにか非日常ではなくなることもあります。

　つまり，課題2.0を考えるときには，環境以外の要因が

大切になってくるのです。いつになっても教科の本質に迫れるような課題が必要になってきます。

測定した活動後

このような課題では，測定後に，教室でどのようなものを測定し，どのような結果になったのかを全体で交流するといった活動を行いがちです。

確かに，交流していくなかで，

「私も調べたものを発表したい！」「他にも○○を測定してみたい！」「私たちもそれを測定してみたい！」

といったアクティブな子どもたちを引き出すことができるでしょう。

さらには，同じものを測定したにもかかわらず結果が異なったときには，「もう1度測定しなおしたい！」といった子どもの姿も引き出すことができることでしょう。

しかし，全員とは限りません。他のグループが測定したことに正直興味がないと考える子どももいるのではないでしょうか。実際に，この授業を行っているときにも，

「もっと測定をしたかった」

という声が子どもたちからありました。

もちろん，しっかり聞くことで新たな発見や自分の知らなかったことを知ることができたり，発展的に考えたりすることができるかもしれません。

しかし，

　全員が交流したいと思わず，もっと活動したいと個々の
願いが異なることもあるのが課題2.0の特徴
と言えることでしょう。

　全体で交流したいという教師の願いと，もっと活動をし
たいという子どもの願いが一致するときもあれば，一致し
ないときもあります。

　一致しないときに，

・活動の時間をのばすのか

・計画通りにいくのか

などの選択肢のどれを選ぶのかというところに難しさがあ
り，従業者としての葛藤があることでしょう。

　どの選択肢を選んでも正解はないのかもしれません。今
回の実践では，簡単に測定結果を交流するということを選
択しました。

２時間目の授業

　ここまでに紹介してきたことを，約1.5時間分で行って
きました。

　では，残りの0.5時間は何をしていたかと言えば，新た
な課題を子どもたちに提示しました。それは，

　誤差ランキングベスト３を作ろう

です。グループで測定するものを10個決めた後，それぞれに長さの予想を立てていました。その予想の長さと実際に測定した長さの差を求め，その中からベスト3を作るという活動です。

　子どもたちは自然とグループで誤差を求める活動を始めました。いえ，「自然」と書きましたが，
　　・測定の結果を特定の子だけが持っている
　　・ここまでグループ活動をしている
という仕掛けがあるため，子どもたちは動き始めるのです。もちろん予想が一人ひとり違うということも動き始める要因と言えます。

　誤差を求め終えた子たちから自分たちの誤差はどうだったのか，違うグループの子たちと話し合うようにしました。子どもたちは，誤差だけでなく「最初の予想」と「測定結果」を交えながら話をしていました。

　実は，この学習内容は2年生です。2年生の復習とも言えます。この学習は次の時間にもつながるのです。

3時間目の学習

　3時間目に子どもたちに最初に投げかけたのは，
「学校から駅までの道のりはどれくらいか予想をしよう」
ということでした。

　本校は，電車通学をする子が多い学校です。毎日，学校まで歩いている子たちは多いです。

　子どもたちは，「1km850mかな」「1km100m」と様々な
予想を言っていました。なかには，「10kmぐらいあるんじ
ゃないの」と言っている子もいましたが，「それは長すぎ
るよ」「10kmもあったら，隣の市に行っちゃうよ」といっ
た声も聞こえてきました。

　予想を言い終わった後，私の方から実際の道のりを言い
ました。そのうえで，

**　みんなの予想と実際の道のりの誤差はどれくらいか**

という課題を出しました。

　誤差を求めるという課題は前回と同じです。しかし，前
回と全く同じことをしているというわけではありません。

　前回の学習では，mとcmが出てくる距離の誤差でした。
今回はそれに加え，kmも出てくるということになります。

　つまり，今回の課題は，

**　これまでの学習をもとに，kmが出てきたときにはどのよ
うに計算すればよいのかということを考える発展的な課題**

になっているのです。

　子どもたちは前時の学習のように，mやcmといった単位
に着目しながら，計算の仕方について考えていきます。つ
まり，前時の距離の計算を活用していきます。だから，

単位に着目をすれば，kmとmを交えた距離の計算と既習
の計算の仕組みは同じであると気づくことができる統合的
な課題

になっているということです。つまり，気づくことでどの
ように計算すればよいかを発展的に考えることができると
いうことです。
　3時間目の課題は，統合・発展する課題を設定したとい
うことです。統合・発展とは，算数科における「深い学
び」です。つまり，課題2.0には，

　深い学びを実現するための課題

といった特徴もあるということです。

3時間の授業からわかること

　この3時間の授業をまとめると，次のページの図になり
ます。この授業は，それぞれ1時間ごとに思いついたので
はありません。

> **3年生　みちのりときょり**
>
> ## 1時間目「巻尺で測定をする」
>
> ⬇ 　問い
> 　「これって何m？
> 　　巻尺で測定してみよう」
>
> ## 2時間目
> ## 「誤差ランキングベスト3をつくろう」
>
> ⬇ 　問い
> 　「どれが1番誤差あるのかな」
> 　「どのようにして計算すればいいだろう」　⬇ 発展的に　kmの場合でも
> 　　　　　　　　　　　　　　　　　　　　　　統合的に　単位を揃えたら・・
> ## 3時間目
> ## 「学校から駅までのみちのりは?」
> 　　　　　　　　　　　　　問い
> 　「どのようにして計算すればいいだろう」
> 　「これまでの考え使えないかな」

前述のように,

> ・1時間目で測定したことをもとに2時間目の誤差ラ
> 　ンキングについて考えていく
> ・誤差ランキングで考えたことを統合・発展させる3
> 　時間目

といったように1, 2, 3時間の授業がつながっています。
単元全体で授業を考えていくなかで作成するからできたこ
とです。つまり,

　単元で考えていくことも課題2.0では大切

と言えます。私は単元で,「仕掛け」ています。しかも,
1時間という単位ではなく, この前の学習から仕掛けとい
う名の伏線をはっていました。課題を考えるだけでなく,
問いについても毎時間考えていることがわかります。

課題2.0と問い

　課題2.0を提示することにより、

　子どもたちに問いを持ってほしい

と考えています。

　課題とは、その時間において解決すべき事柄だと考えています。そのため、課題2.0を提示することで、問いが生まれます。

　問いとは、拙著『子どもの問いからはじまる授業！』（2020、学陽書房）にて、

　学習の過程で子どもたちの中から生じてくる疑問、問題意識、探究心などと捉えています。そして、この問いは、現在の学び、これまでの学びを次の学びへとつなげ、学習への主体性や意欲を高める原動力になるもの

と定義しています。

　だから、問いが生まれない課題は課題2.0ではないのかもしれません。ただ、提示後すぐに生まれることもあれば、課題に取り組んでいく中で生まれてくることもあるでしょう。また、課題に取り組んでいくなかで、「これは問いだ！」「今、問いが生まれた！」ということを子どもも先生もあまり意識はしないことでしょう。それで構いません。

　本当は**課題に取り組むなかで問いが子どもたちの中から**

生まれてきてほしいものです。さらには，課題そのものが子どもたちの課題であってほしいものです。

　しかし，最初は子どもたちの中から問いが生まれてこなかったり，気づかないということもあったりするかもしれません。だから，そんなときは先生が問いを提示しても構いません。

　問いを持ち，動き出す姿を大切にしています。大事なことは問いを持つかどうかではありません。

問いを持つことができた後に動き出せるかどうか

です。動き出すことができなければ，問いについて考えたくなることでしょう。

　さらに，子どもが問いを持ち，問いについて考えるということを目指していますが，それは私が考える子どもたちのゴールの姿ではありません。私は，

自立する子ども

をゴールにしています。

　つまり，課題2.0によって，

子どもたちに問いが生まれる

ということも特徴と言えます。

　課題2.0とは，「おもしろ問題」「おもしろ課題」をしたらよいというわけではないということです。それでは単な

る一発屋的なネタになってしまう恐れがあるのです。それでは課題2.0とは言えません。

　深い学びを実現する特徴が課題2.0にあるのであれば，課題2.0として，

ポイント⑨
　各教科の見方・考え方を働かせることができる課題にする

ということもポイントとしてあげることができます。「各教科の見方・考え方を働かせる」と考えると，上記の「おもしろ問題」「おもしろ課題」をしたらよいという考えはなくなることでしょう。

　ただ，ネタも単元の中でしっかりと位置づいていれば，それはネタではなく，ネタによって問いが生まれるのであれば，課題2.0と考えています。

課題2.0は，タブレット端末と相性がよい

　課題2.0は，

タブレット端末と相性がよい

といったことも特徴の一つです。では，先ほどの測定の授業はどこでタブレット端末を使ったでしょうか。

　使っている場面は主に以下の４つでした。

> ・1つ目，測定するときの結果のメモ代わりとして使
> っていました。
> ・2つ目，測定した結果の写真を撮っていました。
> ・3つ目，測定した結果を教室で送り合っていました。
> ・4つ目，私が指示をした誤差ランキングベスト3を
> 提出しました。

「え!? これでタブレット端末を活用しているのか」と思われた方もいるかもしれません。

今回のGIGAスクール構想では，教師視点の使い方だけでなく，学習者視点の使い方も大切にしていかなければなりません。学習者視点の使い方とは，

子ども自らが「これを使うと学びに役立つ」と判断をして，使用する

ことだと私は考えています。

次のページの表は，学習支援アプリ「ロイロノート」をもとに，教師視点・学習者視点で機能ごとにまとめたものです。

左側だけでなく右側も含めて，

教師が使わせたいタイミングだけでなく，子どもが使いたいタイミングで端末を使う

ということがGIGAスクール構想における最終的な使い方だと考えています。現状は教師視点がやはり多いです。

ロイロの機能×教師視点・学習者視点				
	教師視点		学習者視点	
送る	・ワークシート ・資料		・自分が表現したもの ・集めたもの（情報・写真・動画）	
提出箱	・子どもたちの表現物をみることで、子どもを知る ・プリントやテストなど採点するものを提出してもらう ・共有する、しないを場面によって使い分けることができる	○	・他者が表現したものをみることができる ・ログ代わりに使う	
		×	・先生にみてもらう、提出 ・ログ代わりに使う	
資料箱	・授業で使用したものを置いておく ・学校、学年で共有するために ・子ども、保護者と共有するために		・必要なツールを自分で選択する ・必要なプリントを選択する ・必要だと思ったもの、今後使いそうと判断したものを保存しておくために	
シンキングツール（シート）	・授業づくり ・ポートフォリオ的に使用する		・考えを深めていくために ・単元の流れを把握するために ・ポートフォリオ的に使用する	
Web	・授業で使用するURL、webカード		・自分で必要だと思う情報を検索する （カメラマークでスクショ）	
共有ノート	・協働して取り組ませるために ・参考にさせるために		・協働して取り組むために ・他者の表現物、考えをみることができる	

　この授業においても鉛筆や消しゴム，ノートを持っていくよりもタブレット端末，巻尺だけの方が手軽に活動に取り組むことができると判断して，取り組んでいる子もいました。そのため，４つすべてに取り組んでいない子もいました。それでも構わないのです。

　次のページの写真は，単元終わりに教科書の練習問題に取り組んでいる様子です。

　この単元では，位取り表を使ったデジタル教具として使いました。その位取り表を自分の判断で使用している子がいました。位取り表はクラウドに入れておき，誰でも取り出すことができるようにしておきました。また，授業で使用したものを複製し，使用している子もいました。

　これは学習者視点の端末の使い方と言えます。私はこのような姿をどんどん増やしていきたいと考えています。そ

して，課題2.0では，学習者視点の使い方を基本ベースに
していきたいものです。

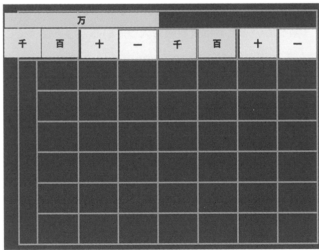

		万					
千	百	十	一	千	百	十	一

この単元で使用していたデジタル教具

勝手にできるようになるわけではない

　このような学習者視点の使い方は最初からできるわけではありません。

　そこで，

①授業で使用した算数アイテム（デジタル教具）を資料箱に入れておく

　「今日，使ったのは資料箱に入れておくよ」

と言い，使ったものが資料箱に入っているということを子どもたちに知らせておきます。

②資料箱に入れているものを使わせる経験を積ませていく

　例えば，

　「資料箱に入っている○○を使ってごらん」

　「困っているときは資料箱に入っている○○を使ってごらん」

といったように仕掛けていきます。

③子どもの活動を意味づけていく

　「○○さん，自分で判断して使っていてすごい！」

といったように，自分の判断で子どもが使用したときにその行動に意味づけをしていきます。

　こういったことを繰り返していくことで，子どもたち自身で判断をして，使うことができるようになります。最初からできる子はほぼいません。

課題2.0の実践事例4

4 表現物を鑑賞する

友だちの表現物・成果物を見ましょう

　この課題はどの教科でも行う活動ではないでしょうか。このような課題を出したとき，ぱーっと提出物を見て，「先生見ました〜！」という子はいないでしょうか。その子たちは，「ちゃんと見なさい！」「適当に見るんじゃないの！」と教師に言われる子たちです。

　実は，小学生時代の私がそうでした。本人としては，真面目に見ているのです。真面目に見た結果，そのように言っているのです。

　適当に見ているわけではないにもかかわらず，上記のように先生に言われ，（え？　じゃあ，どう見たらいいのよ）と戸惑ったことを今でも覚えています。だから，言われた後は，眉間に皺を寄せながら，真剣に見ているふりをしていました。

　もしかしたら，上記の子どもたちは樋口少年と同じかもしれません。その子たちにとっては，友だちの表現物・成果物を見ましょうという課題では課題1.0になる可能性があります。

　そこで，私が提示した課題が，

友だちの表現物を見て，目標を達成できているものにすべて投票しよう

という課題です。つまり，

> **ポイント⑩**
> 　考えるための視点を与える課題にする

ということです。

　3年生理科の単元「風やゴムで動かそう」では，単元最後の授業で，

　あなたはかんきょうに優しい車を作ろうとしている。これまでの学習を活かし，かんきょうにやさしい車を作り，説明しよう

という課題を提示しました。

　課題を提示した後は，子どもたちと話し合い，

　S…普通の車との比較＋A
　A…（単元で学習してきた）空気の力，風の力，ゴムの
　　　力を使う
　B…A以下

というルーブリックを作成し，活動をスタートしました。

　子どもたちは，単元で学習してきたことを使い，考え，

表現しています。

　下は，子どもたちが表現したものです。

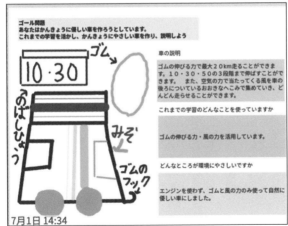

　自分の表現物を作成することができたら，他の子たちの
作品を見ることができるようにしておきます。

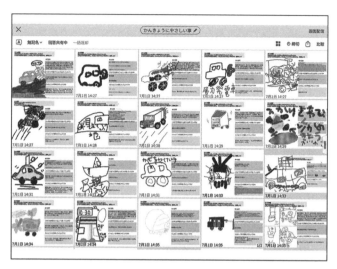

そして，全体でアンケート機能を使い，友だちの表現物を見て，目標を達成できているものに投票していきます。結果は以下になります。

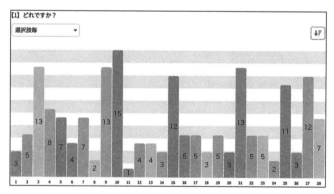

ここまでを45分の授業で行いました。タブレット端末がないと，45分で終わらせることは難しいです。

違う学習では，

　友だちの表現物を見て，自分がおもしろいと思うものに
すべて投票しよう

という課題を出したことがあります。この課題には，

　　・「自分がおもしろい」という視点で見ること

　　・アンケートで投票をする

ということが先ほどの課題とは違い，含まれています。こ
のような課題を出すと，自分なりのおもしろさでよいのか
と子どもたちは安心感を持つことができます。

　また，おもしろさは人それぞれ違います。そのため，ど
のようなところがおもしろかったのかということを交流す
ることもできます。

　この課題では，学習支援アプリのアンケートを使用しま
す。アンケートを使用することで，子どもたちは「結果を
知りたい！」という思いを持ちます。

　ただ，それと同時に「自分の結果を知りたくない！」と
思っている子もいます。だから，結果を一斉にオープンす
るのではなく，例えば，

　「ベスト3を発表します！自分の結果を知りたい人は後
で来てください！」

というように配慮をする必要はあります。

　また，今回の実践では，おもしろいと思った子全員に投
票というかたちでしたが，

　　自分がおもしろいと思ったコマ5つに投票しよう

といった限定的な課題にすると，より子どもたちがアクテ
ィブになることでしょう。

5 わり算

子どもの問いが課題になる

　３年生算数「わり算」の導入場面で，

　あめ15個を３人で同じ数ずつ分けます。１人分は何個に
なりますか

という問題を提示し，この問題は15÷３と表すことができ
ることを確認し，どのように計算をしたらよいのかを考え
ることを共有し，子どもたちそれぞれがめあてをたて，考
える時間を設けました。

　子どもたちからは，

　・３の段を使うと求めることができる

　・かけ算を使うといい

　・図を使うといい

などの考えが出てきました。

　その中で，図を使った考えを説明をしているときに，子
どもたちの頭の中に「？」が生まれる，問いが生まれまし
た。

　その問題は，等分除の問題です。

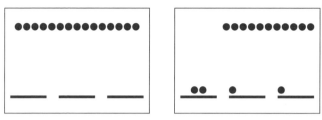

　15個のあめを右上図のように，１個ずつ渡していき，１人５個にわけることができるという説明をしていきます。多くの子が上のような図で説明をしていました。

　また，以下のように１人分が５個になるという見通しを持ったり，図を整理してかくことで，５個という説明をしたりしている子もいました。

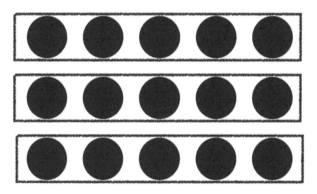

　この説明に納得をしていなかった子がおり，「なぜ，そうなるのかがわからない」と言っている子がいました。そう言われて，このような説明をしていた子たちが困惑をしていました。

**　この子はなぜ納得することができなかったのか**

この子はどうして５個ということがわかるのかが納得で
きないということを言いました。問題にも書いていないの
だから，５個ずつ囲むことは間違えていると言っていたの
です。その上で，この子が書いたのは下の図です。

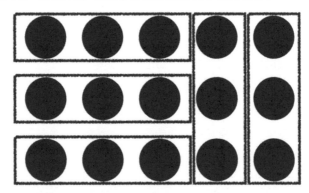

　あめ15個を３人で〜と問題にかいているために，３個ず
つ囲んでいきました。そして，これなら納得できると言う
のです。
　そもそもあめと人の単位が違うため，このように囲んで
いくことはできません。また，この子の発想は包含除です。
　案の定，
　「３個ずつ囲むと，まとまりが５つできるけど，５個と
は言えないんじゃないの？」
　「３つずつ囲むのはおかしいよ」
と周りの子たちからツッコミが入りました。
　さらには，
　「３人で１つのまとまりをとると考えると，１つのまと
まりで１人１個とることになる。つまり，５つのまとまり

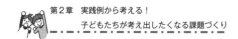

があるから1×5＝5」
になると説明をしてくれる子もいました。ただ，複雑です。
そのため，納得できない子も理解できません。授業はどん
どん重たい雰囲気となっていきました。これ以上取り組ん
でも，よい成果は生まれないと感じました。

　そこで，私は子どもたちに，無理に私が整理をして正し
いことを言うのではなく，

　「なかなかみんなスッキリしないよね。じゃあ，これを
単元の中で考えていくみんなの問いにしようよ」
と子どもたちに提案しました。

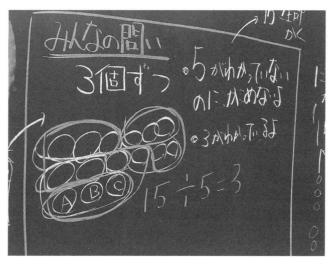

　これはその場凌ぎで，適当に子どもたちに言ったわけで
はありません。実際に，この授業の数時間後に，等分除や
包含除の問題を比較し，共通点や相違点について考える課
題を提示しようと考えていました。そのことを思い出し，

今子どもたちが悩んでいることをその時間で扱おうと考えたのです。

　以下の板書は，数時間後の実際の板書です。問いについて考えようという課題を提示しています。

　このように，課題2.0には，

ポイント⑪
　子どもの悩みや疑問や好奇心や問いなどから生成される課題

もあります。

	課題2.0の実践事例6
6	# 様々な事例

様々な事例

　3年「大きな数」の導入場面です。以下の画像を一瞬見せ，「何円あるのかな？」と聞きました。

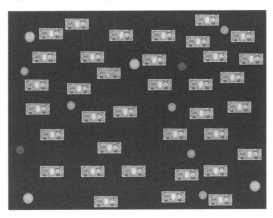

　子どもたちからは，

　　・30427円　　・35724円　　・40026円

といった予想が出てきました。このとき，子どもたちには予想のズレが起こっています。そのため，子どもたちはもう調べたくなっています。

　そこで，先ほどのデータを子どもたちに渡し，

何円あるのか調べよう

という課題を出しました。このデータ上のお金は自分たち
で動かすことができます。また，ペンで書き込んだりする
こともできます。ある子どもは，以下のように考えていま
した。

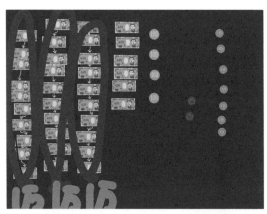

どの子も10000，1000，100，10，1円で整理をしています。
　最初に上記の課題を提示し，データを送信し，考える時
間を設けるといった授業展開も考えることができます。し
かし，前述のように予想にズレがあるからこそ，より子ど
もたちは動き出すことができます。
　このように考えると，課題2.0では，

ポイント⑫
　既習事項や既有体験，他者とのズレがある課題にす
る

といいと言えます。

　この授業はこのあと，より整理するために，1000円札を
10000円札に変えるという活動を通して，

　・1000が10で10000

　・一万の位

といったことの学習を深めていきました。

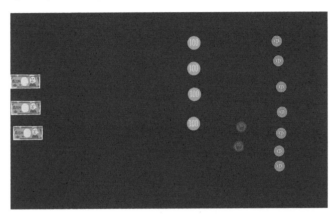

　このような活動によって，子どもたちはしっかりと既習
である位取り表や新たな学習である一万の位について気づ
けています。

　その上で，一万の位についてまとめていきました。

幸せな話？　不幸な話？

国語「ちいちゃんのかげおくり」の学習では，

この物語は幸せな話なのか，不幸な話だったのかについ

て話し合おう

という課題を設定しました。

　すると，子どもたちから，幸せなのか，不幸なのかについて対立した話し合いが始まります。この課題は，4年生国語「ごんぎつね」でも使うことができます。

　また，3年生の理科「かげ」の学習では，導入で，

　　かげについて知っていることを書こう

という課題を出しました。子どもたちからは，下の板書からわかるように，たくさんの知っていることが出てきました。

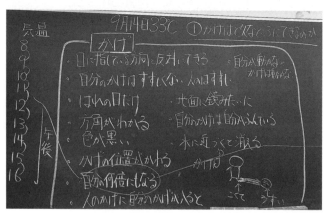

　そのなかで，「自分の何倍にもなる」といった子がいました。子どもたちは口々に「それは○時ごろではないか」と自分の予想を話し始めています。そこに教師の指示はあ

88

りません。

　そこから，「自分の何倍にもなる長さは何時か」「何時が
1番かげが長くなるのか」といった問いが出てきました。

　そういった子どもたちの問いを使い，

何時ごろのかげが1番長くなるのか調べよう

という単元で考えたい課題を提示しました。このような，

> **ポイント⑬**
> 　意見の対立・拮抗が生じるような課題にする

ことも課題づくりでは必要なポイントになります。

　このように，課題2.0は，

次の課題へとつながる

ということも特徴と言えることでしょう。つまり，次の課
題へとつながらない場合は，課題2.0と言えないかもしれ
ません。

課題づくり13のポイント

課題づくりの13のポイントをまとめておきます。

●ポイント①

　具体的な数を入れた課題にする

●ポイント②

　達成できそうでできない（数値設定の）課題にする

●ポイント③

　「納得する」といった，正解のない課題にする

●ポイント④

　達成するための見通しが見えやすい，自分は何をすればいいのかがわかりやすい課題にする

●ポイント⑤

　答えのない課題にする

●ポイント⑥

　自分自身が楽しい課題にする

●ポイント⑦

　自分たち自身で選択・決定する機会がある

●ポイント⑧

　非日常的な課題にする

●ポイント⑨

　各教科の見方・考え方を働かせることができる課題にする

●ポイント⑩

　考えるための視点を与える課題にする

●ポイント⑪

　子どもの悩みや疑問や好奇心や問いなどから生成される課題

●ポイント⑫

　既習事項や既有体験，他者とのズレがある課題にする

●ポイント⑬

　意見の対立・拮抗が生じるような課題にする

　これらのポイントは13個全部を使って課題をつくるというわけではありません。1つのポイントだけ，複合的に使うということもあることでしょう。

　こういった課題2.0で見られる特徴は以下の通りです。

特徴1　子どもが考え出したくなる

特徴2　子どもが表現をしたくなる

特徴3　子どもがグループで取り組みたくなる

特徴4　子どもがタブレット端末を使うことによさを感じる

特徴5　子どもが見方・考え方を働かせる

特徴6　子どもが深い学びを実現する

特徴7　子どもたちに問いが生まれる
特徴8　自分たち自身で選択・決定する機会が多い
特徴9　子どもの問いが課題になる
特徴10　よい課題は，次の課題へとつながる

3

「課題2.0」の弱点と「シン課題」へのステップアップ

1 課題2.0は完璧な課題ではない……

最初のアンケートでは

20ページでみなさんに考えてもらった2つの課題ですが、最初は、

①みなさんの住んでいる所の魅力をできるかぎり多く書いてください

②みなさんの住んでいる所の魅力を5分間で100個書いてください

の2つでアンケートを実施していました。

結果は、

①121票（39%）　②190票（61%）

となり、正直私が思っていたような結果にはなりませんでした。前述のアンケートみたいに3倍くらいの差ができると思っていました。これでは、どちらが課題2.0なのかわかりません。

なぜ、このような結果になったのでしょうか。理由の1つは、「5分間で100個」というところに「そんなことできないでしょう……」という難しさを感じたからではないか

と考えました。

5分間で100個ということは，1分間で20個，4人グループだとしても1分間で1人5個，15秒で1個思いつかないといけないということです。

そもそも，5分間で100個も何のために書く必要があるのかということも，子どもたちは思うかもしれません。

つまり，課題づくりのポイント②「達成できそうでできない（数値設定の）課題にする」になっていないということです。

こういった課題では，子どもたちの「やってみたい」「調べてみたい」「考えてみたい」といった姿を引き出すことができていないということです。

そう考えると，「①みなさんの住んでいる所の魅力をできるかぎり多く書いてください」の方が，そのような課題になると私は思っていたのです。

①の方が！？

そこで，私は20ページのように，

①みなさんの住んでいる所の魅力を考えましょう

②みなさんの住んでいる所の魅力を5分間で100個書いてください

というように修正をして，再度アンケートを実施しました。結果をあらためて載せると，

①116票（23%）　②390票（77%）

です。

　1章では，②が①の３倍以上になるところに着目をして，話を進めてきました。

　しかし，やはり気になるのが①を選択した方の数です。

　①を選択した方は，

　①の方が誰かと一緒に考えたくなる課題2.0

だと考えたことになります。

　なぜこのようなことが起こったのでしょうか。実はここにこそ，

　課題2.0からシン課題へアップデートするヒント

があります。

　「え!?　シン課題って何？　新たな言葉が出てきた」と思われたことでしょう。実は，課題2.0が完璧な課題ではなく，その先の課題があったのです。その課題こそが，

　　　　　　　　　　シン課題

なのです。

　なぜ，シン課題を目指さないといけなのか

　そもそも，シン課題とは何なのか

　これらのことを説明していくために，まずは課題2.0の闇について着目していきます。

2 課題2.0の２つの闇

課題2.0の２つの闇とは

　課題2.0には，２つの闇があると考えています。闇ということは，マイナスなことがあるということです。

　１つ目の闇は，

課題2.0は実は子ども主体ではなく，教師主体になっているのではないか

ということです。

　課題2.0によって，子どもたちは自ら動き出します。しかし，その動き出している姿というのは本当に子ども主体と言えるのでしょうか。教師主体なのではないでしょうか。これは私自身の葛藤であり，私自身の永遠のテーマだったりしています。そのようなことを次ページ以降で説明していきます。

　２つ目の闇は，

次のページにある絵のような授業になってしまうのではないか

ということです。

　この絵は，Facebookでカトウツヨシ先生が，端末授業活用について，何か危機感（胸騒ぎ）があるということ

で下記の絵を投稿されていました（掲載：本人許諾済み）。

・教壇から動かない先生
・何も板書されていない黒板
・動かない子ども
・常に下を向いている子ども
・大型モニターの画面の共有のみ
・コロナ禍で仕方ないところもあるが，子どもたちは
　黒板の方に向けての座席配置
・タブレット端末だけで進んでいる授業

などといった絵が描かれています。

　こういった授業は，課題2.0とは関係なく，タブレット
端末が入ってきた教室で実際に起きているという話も，私
自身，多く聞くようになってきました。どうしてこのよう
な姿が闇なのか，次ページ以降で説明していきます。

3 課題2.0は子ども主体ではなく，教師主体？

【人工的な問い】と「天然の問い」

　私は，拙著『3つのステップでできる！ ワクワク子どもが学び出す算数授業♪』(学陽書房，2021)にて，【人工的な問い】と「天然の問い」ということを提案しています。

　【人工的な問い】とは，

> ・教師が仕掛けて，生まれてきた問い
> ・教師の思惑，意図が入りすぎているように感じる問い

「天然の問い」とは，

> ・教材に対して，子ども達の中から出てきた自然な問い

と定義づけています。

　【人工的な問い】と「天然の問い」に優劣はありません。また，どちらも単元において必要だと考えています。「天然の問い」の方が何か優れているように感じますが，【人工的な問い】は教師の思いが入っています。その分，問いとして優れていると考えることができます。

ちなみに，私はありがたいことに数多くの校内研究講師
や教育委員会主催の研修に呼ばれることがありますが，

・2021年はタブレット端末のテーマが大多数
・2022年は問いのテーマが大多数

ということになっていました。やはり，そこに時代の流れ
を感じます。

　そもそも，【人工的な問い】と「天然の問い」を考え始
めたのは，自分自身の授業が【人工的な問い】ばかりだっ
たからです。

【人工的な問い】とは

　例えば，【人工的な問い】は，

たまごが9個あります（10個パック入りの絵付き）。

たまごを4個もらいました。

たまごは全部で何個になりますか。

といった問題のことです。ここから，

　どのように計算をすればよいのか。

　どのような既習を使えたらよいのか。

という問いを引き出そうとするわけです。

　この問題では，10個入りのパックの絵があるため，空白
の1個分のところにもらった4個のたまごのうち1個を入
れようと子どもは考えることでしょう。そのように考える
ことで，

　9＋4→9＋1＋3→10＋3

と考えることができるようになります。このようになると,

　　・既習である10+□という考え

　　・これまでに大切にしてきた見方である10のまとまり

といったことを,

　　子どもたちに気づかせることができる

のです。

　この書では,３年生の事例を多く出しています。この年の３年生の子たちにも,

　　マンタくん（私のキャラクター）は７×６の答えだけを忘れました。マンタくんに７×６の答えの見つけ方を教えよう。

といった課題を提示しています。

　この問いから,

　　・どういう見つけ方があるのかな

　　・どのような既習を使えたらよいのかな

という問いを引き出そうとするわけです。

　７×５に７を加えたら,７×６になるため,35+7をすれば,この課題の答えを求めることができます。

　また,７×７から７を引けば,７×６になるため,49−7をしても,この課題の答えを求めることができます。このような考えを子どもたちから引き出すことができます。

　【人工的な問い】によって,子どもはアクティブになります。子どもたちも自ら動き出します。

　しかし,果たしてそれでよいのでしょうか。裏を返せば,

教師が仕掛ける人工的な問いがなければ，子どもはアク
ティブにならない

ということです。子どもたちも自ら動き出そうとしないか
もしれません。つまり，

　　【人工的な問い】によって，アクティブになることは人
工的なアクティブ，自ら動き出すことは人工的な動きとも
考える

ことができるということです。

「天然の問い」とは

　「天然の問い」の具体例もしておきます。

　3年国語科「まいごのかぎ」の問いづくりをしました。
問いづくりは，物語文を1回読んだ後に行いました。

　以下の問いが子どもたちのなかから出てきたものです。

・どうして，りいこはかぎ穴みたいなものをたくさん
　見つけたの？

・かぎは結局誰のかぎだったのか？

・かぎは結局なんなの？

・りいこはまいごだったの？

・りいこが現実に戻ったかということが，今ひとつわ
　からない。

・図工の時間にうさぎに悪いことしちゃったなと思え
　るのがすごい！

これ以外にも，授業を進めていくなかで不思議に思ったこと，疑問に思ったこと，わからなかったことなどの問いも出てきました。

　【人工的な問い】よりも「天然の問い」の方が子どもたちの中から出てきた自然な問いだと感じませんか。

課題2.0と【人工的な問い】と「天然の問い」

　さて，ここまで【人工的な問い】と「天然の問い」について書きましたが，課題2.0とどのような関係があるのでしょうか。それは，課題2.0が【人工的な問い】と似ているのではないかということです。これが「闇」の部分です。

　実は，課題2.0が【人工的な問い】と似ているのではないかということは，課題2.0ということを提案して以来，自分でもうすうす気づいていたことです。

　課題2.0について子どもにアンケートを実施したところ，

> ・どのようなことをすればよいのかがわかりやすい
>
> ・どこまですればよいのかがわかりやすい
>
> ・とても楽しい！

といった回答が複数ありました。確かに，課題2.0にはこのような効果があるのでしょう。ただ，見方を変えると，

　どのようなことをすればよいのか，どこまですればよいのか，楽しいのかということを先生が人工的に作り出している

ということになります。

　これでは，前述のように課題2.0がなければ，子どもは
アクティブにならないということです。子どもたちも自ら
動き出そうとしないかもしれません。自立とは程遠い，先
生からの指示待ち人間になってしまうかもしれません。

何のための課題2.0を？

　課題2.0が【人工的な問い】だとしても，「どのような
ことをすればよいのかがわかりやすい」「どこまですれば
よいのかがわかりやすい」「とても楽しい！」と子ども自
身が思うのであればそれでいいじゃないか，と言われたこ
ともあります。それも一理あるのですが，目指す子ども像
に違いがあります。

　何のために課題2.0を提示するのか

ということです。私が目指す子ども像，その目的は，

　「自立する」子ども

です。「自立する」子どもでは抽象的すぎるため，少し解
析度を上げてみると，

・問いを発見し，解決することができる

・協働することができる

・学びを深めることができる

などの姿を私は自立している姿だと考えています（そのた
めの個別最適化，協働的な学びだと考えています）。

4 問題発見力と問題解決力

問題発見力

問題解決力ではなく, 問題発見力を!

今回の学習指導要領では, このように言われています。みなさんは, 問題解決力と問題発見力はわかりますか。簡単に言えば,

・問題解決力とは, 与えられた問いを解決する

・問題発見力とは, 自ら問いを発見し, 自分なりに解決をする

ということです。

問いは与えられるものではなく, 「自ら問いを発見」というところがポイントです。そして, 「自分なりに」というように必ずしも答えがあるのではなく, 納得する解を導き出すことがポイントということです。

ただ, この問題発見力は最近求められはじめた力なのでしょうか。決してそうではありません。これまでも求められていた力です。

そして, それは我々大人, 教師にもその力があるのか, ないのか……, 問題発見力の大切さについて, 我々はもうここ最近の体験から気づいているはずです。

全国一斉臨時休業

2020年3，4月……といえば，みなさんはどのようなことを思い出しますか。そうです。全国一斉臨時休校です。

急に休校になり，子どもたちの学びはストップしました。4月からは新学期が始まると思っていたのは私だけではないはずです。全国一斉臨時休校の延長が始まり，さらに，子どもたちにも会うことができない，学びもストップするという事態になり，自分の無力感を感じた先生も多くいるのではないでしょうか。

そんなときに，先生たちは2通りに分かれたように思います。それは，

・自ら動き出した人たち

・上からの指示を待った人たち

です。

自ら動き出した人たちとは，子どもたちにも会うことができないかわりにできることはないか，学びを少しでもストップしないためにできることは何かと考えた人たちのことです。ただ，教育委員会，管理職の方針によって，できないこともあったでしょう。

上からの指示を待った人たちとは，教育委員会，管理職などの，上からの指示があるまでは動き出さなかった人たちのことです。

子どもの学びを止めないために,

> 「オンライン学習はできないか」
> 「YouTube に授業動画をアップできないか」

などのことを自ら動き出した人たちは考えたことでしょう。

例えば,「オンライン学習はできないか」と考えた人たちはオンライン学習を行うために,

> ・各家庭にタブレット端末はあるのか
> ・Wi-Fi 環境はどうなのか
> ・学習の内容はどうするのか
> ・何分間行うのか
> ・学校側の設備はどうなのか

などのたくさんの問いを出したことでしょう。そして,一つずつの問いに対して,すっきり答えを出せるものもあれば,なかなかみんなが納得できないような答えもあったことでしょう。みんなが納得できる答えを導き出すことができず,それに対して不満・文句を抱いていた人もいることでしょう。

一方で,上からの指示を待った人です。仕事をサボっているとは思いません。自ら動き出している人たちのサポートをしていたかもしれません。教育委員会や官力などの上からの指示があるまでは,全く動き出さなかった人もいることでしょう。

そして,上からの指示がないことに,不満・文句を言っ

ていた人もいたことでしょう。正直なところ，上記の自ら
動き出していた人たちの不満・文句よりも聞いている側は
マイナスに聞こえてしまいます。正直，私はそういった人
たちにイラついており，そして怒りを持っていました。

　上から指示があったときには，その指示通りにしっかり
と取り組むことでしょう。指示の内容に不平・不満を言っ
たとしても，それでもしっかりと取り組んでいたことでし
ょう。

どちらが問題発見力があると言えるのか

　2020年の昔話を書いてきましたが，みなさんお気づきで
しょうか。

　・自ら動き出した人たちは問題発見力がある人
　・上からの指示を待った人たちは問題解決力がある人
というように考えることができるのではないでしょうか。

　これまでは，問題解決力があればよかったのです。

　しかし，「先行きが不透明で，将来の予測が困難な状態」
の時代である現在では，問題解決力だけでなく問題発見力
が必要であることは確かなことです。

　ここまでに提案している課題2.0は先生が提示した具体
的な，子ども自身もゴールがわかるような課題です。

　つまり，先生が提示したということは上からの指示とい
うことです。つまり，課題2.0とは人工的な問いというこ
とになります。

そして，

課題2.0では，問題解決力しか育たない

のではないかという恐れがあるように考えています。

問題発見力を身につけるには

問題解決力だけでなく問題発見力を身につけるには，どうしたらいいでしょうか。まず思いついたのは，

問題を発見する体験を積む

ということです。そして，

発見した問題を大切にしてくれる環境がある

ということではないでしょうか。自分が頑張って見つけた，自分にとっては価値があると思った「発見した問題」も人から粗末に扱われたら，「そんな問題には価値がない」と言われたら，問題を発見したいと思わないことでしょう。

人から見たら「ふーん」と思うような問題でも，発見した自分にとっては宝物のような存在と言ってもいいでしょう。

そして，

どのように問題を発見したらよいのか

ということを教える必要があります。小さいときにはたくさんの問題を発見することができたものです。しかし，年齢を重ねていくにつれて，問題を発見することができなくなっていきます。

5 大人も問いをつくる力が弱くなっている？

Instagram で発見した問題

先日，Instagram を見てみると，次のような算数の問題，解き方が投稿されていました。

```
99×1=
99×2=
99×3=
99×4=
99×5=
99×6=
99×7=
99×8=
99×9=
```

まずは，百の位を上から0から8まで順番に書いていきます。

```
99×1=0
99×2=1
99×3=2
99×4=3
99×5=4
99×6=5
99×7=6
99×8=7
99×9=8
```

次に，十の位にすべて9と書きます。

```
99× 1 ＝09
99× 2 ＝19
99× 3 ＝29
99× 4 ＝39
99× 5 ＝49
99× 6 ＝59
99× 7 ＝69
99× 8 ＝79
99× 9 ＝89
```

そして，一の位には9から1までを順番に書いていきます。

```
99× 1 ＝099
99× 2 ＝198
99× 3 ＝297
99× 4 ＝396
99× 5 ＝495
99× 6 ＝594
99× 7 ＝693
99× 8 ＝792
99× 9 ＝891
```

これで計算をしなくても，正しい答えが出ています。

さて，みなさんはどのようなことを考えていますか。

どのような問いを持っていますか。

そんなに問いに対しては難しく考えなくてもいいです。心の中で思い浮かんだことが，問いになっていることが多いです。

もしかしたら，問いを思いつかなかったという方もいるかもしれません。

問いをつくれない方は厳しい言い方をすれば，

　問いをつくる力が弱い

のです。問いをつくる力が弱いということは，

　自分自身で問題を発見する力が弱い

と考えることもできます。実は子どもだけの話ではなく，大人でも言える話ということです。

　問いをつくる力がなぜ弱いのか，原因はいくつかあります。例えば，

　・教材研究が足りていない

　・問いをつくる経験を自分自身がしてきた回数がとても少ない

　・問いをつくるための視点を知らない

　・「こうでないといけない」という思考が強い

　・「スタンダード通り」の授業を好む

　・教師が教える授業が１番よいと思っている

　・子どものことをよく見ることができていない

などのことが考えられます。いずれにせよ，問いづくりは難しいものです。こんな問いが生まれるかなと思っていても，生まれないときもあります。

　やはり，具体的に何をすればよいのかということがわかりやすい課題2.0を提示され続けてきたから，自分自身が問いについて考える必要がない環境をつくり出してしまっているのかもしれません。

　しかし，経験を積むと，ある程度は問いをつくることが

できるようになります。

　問いづくりを子どもたちがするときには，

　・疑問，よくわからなかったこと

　・驚き，不思議に思ったこと

　・ひっかかったこと

　・おもしろかったこと，感動したこと

　・わかったこと

　・調べたい，考えてみたいこと

といった視点を子どもたちに与えています。

　先生自身が問いを見つけることをサポートするために，

　算数授業研究会『問い方を学ぶことと授業』（東洋館出版社，1997）で示されている算数の学習のなかでよく現れる問いをもとに，考えていくとよいでしょう。

計算について考えるとき	分類する
・いつでも使うことができるだろうか ・どのようにして計算すればいいだろう ・こんなときはどうすればいいだろう 　（数値や条件を変える） ・いままでの方法で使うことのできるものはないだろうか ・できるだけ簡単な方法を見つけたい	・違いをはっきりさせたい ・同じものを集めてみよう ・同じ仲間と見ることはできないか ・これはどの仲間にいれたらいいだろうか
きまりをみつける	表現する
・数のならび方にきまりはないだろうか ・いつでもこのきまりは成り立つだろうか ・数が大きくなったら（小さくなったら）どうなるだろうか ・きまりを見つけて並べてみよう ・他の場合で調べてみよう ・どうしてこんなきまりがあるのだろう ・いちばん大きくなるのは（小さくなるのは）どんなときだろう	・違いを数で表したい ・記録に残しておきたい ・わかりやすく表したい ・混乱をなくして整理したい ・どちらが長いだろう（重い，広い，大きい，速い，混んでいる） ・落ちや重なりがないようにかぞえるのにはどうしたらいいだろう

（算数授業研究会『問い方を学ぶことと授業』東洋館出版社，1997を参考に樋口作成）

6 結局構図が変わっていない

このような授業をどう思う？

ここまで，「課題2.0によって子ども主体ではなく，教師主体になっているのではないか」「98ページの絵のような授業になってしまうのではないか」という2つの闇について書いてきたわけですが，みなさん，このような授業をどう思いますか。

---

①プリントを配布する

②10分の制限時間でプリントに取り組む

③プリントを早く終えた子は，読書をして待っておく

④問題がわからない子は先生に聞きに来る

⑤答え合わせをする

（①〜⑤を繰り返す）

単元の復習や基礎・基本の力をつけたい授業では，このようなことをされている先生もいることでしょう。しかし，毎日の授業がこれだとどう思いますか。

Instagramでアンケートを実施したところ，

オッケー…90票（18%）

ダメでしょ…409票（82%）

という結果がでました。否定的に考える先生が圧倒的です。
では，少し聞き方を変えます。

---

①タブレット端末を使って，プリントを送信する

②10分の制限時間でプリントに取り組む

③プリントを早く終えた子は，読書をして待っておく

④問題がわからない子は先生に聞きに来る，もしくは
　タブレット端末上でわからないと送信してくる

⑤タブレット端末上で答えを書いていき，答え合わせ
　をする

（①〜⑤を繰り返す）

この授業展開をどう思われますか。タブレット端末を使っていて，とてもよいと思われたでしょうか。

タブレット端末があるかないかだけで，根本的には同じ構造の授業をしています。後者の授業展開のアンケートは実施していませんが，この授業も圧倒的に「ダメでしょ」となるはずです。もしならないのであれば，それはタブレット端末にだまされていることになります。

この2つの授業，

・教壇から動かない先生

・何も板書されていない黒板

・動かない子ども

・常に下を向いている子ども

・大型モニターの画面の共有のみ

> ・コロナ禍で仕方ないところもあるが，子どもたちは
> 黒板の方に向けての座席配置
> ・タブレット端末だけで進んでいる授業

といったことが共通しています。結局は，代替でしかタブレット端末を使用していないため，このようなことが起きてしまうのです。課題2.0も同様です。課題2.0によって，子どもたちは動き出します。

> ・動かない子ども
> ・常に下を向いている子ども
> ・コロナ禍で仕方ないところもあるが，子どもたちは
> 黒板の方に向けての座席配置
> ・タブレット端末だけで進んでいる授業

といったことは脱却することができるでしょう。しかし，

> ・教壇から動かない先生
> ・大型モニターの画面の共有のみ

といったことは解消されないかもしれません。
　こういったことが課題2.0を課題1.0へとダウンさせてしまう恐れがあるのです。

教師の役割

　課題2.0を課題1.0へとダウンしてしまうことに，教師の役割は大きく関わってきます。ここまででお気づきかと思いますが，課題だけ変えるのではなく，自分自身の意識も変えないといけないということです。

　「シンキングツール映え問題」ということを拙著『GIGAスクール構想で変える！１人１台端末時代の授業づくり２』（明治図書，2021）で主張しました。シンキングツール映え問題というのは，シンキングツールを使うことが目的になっている問題のことです。

　課題2.0では，子どもたちが動き出します。動き出しているということで，教師が満足してはいけません。それでは課題1.0へとダウンしてしまいます。子どもたちが動き出すことは大前提で，

**　より子どもたちが学びを深めていくためにはどうしたらよいのか**

ということを考えていく必要があります。

　本書146ページで紹介する理科の授業ですが，子どもたちのなかにはベン図を使い，まとめている子がいました。
「ベン図を使い，まとめる」で終わり……ではなく，

117

「で，どうするの？」

ということです。シンキングツールを使い，それぞれの共通点や相違点を見つけ，終わり，という授業ではいけないということです。

むしろ，そこからがスタートなのです。

見つけた共通点や相違点からどのようにまとまっていくのか

というところまでをセットに考えないといけません。共通点や相違点を見つけ出すために，ベン図を使用し，ベン図を完成させることがゴールではありません。

私は子どもたちに，

共通点や相違点からわかる大切なことは何？

と問い返しをしました。授業のなかで，

教師の1番といってよい出番

です。

課題を提示して，「はい，終わり！」ではありません。こういったことは残念ながらタブレット端末はしてくれません。

以前の学校で，授業中の教師の存在感を消したいからという理由で，授業中に職員室にいる，子どもたちにあまりサポートをしないような方にも出会ったことがあります。

その方は教師の存在感を消す，教師がいらない授業，教えない授業という意味を履き違えています。

教師の存在感を消す，教師がいらない授業，教えない授業などは存在しません。

まだまだある同じ構図

　ここでは変革，DX について話をしてきました。98ページで紹介した画像の授業風景は，実は１人１台端末など関係なく，GIGA スクール構想以前の授業でも同様の授業をしてきたのではないかと考えています。

　講師先などで，「授業中にタブレット端末で検索をしたり，違うアプリを開いたりしている子がいます」という相談をされることがあります。なぜ，その子はそのようなことをしてしまうのでしょうか。おそらくは，内容がわからない，何をしていいのかわからない，などの何らかの理由で授業がつまらないと思っているのです。こうしたことは，これまでになかったのでしょうか。

　これまでは，授業中に妄想している子，教科書に落書きをしている子，ポケットの袖からコードを出し，音楽を聴いている子などがいたはずです。これらの子も何らかの理由で授業がつまらないと思っているからこのようなことをしてしまったのです。

　これらのことを図にまとめると，次のページのようになります。つまり，

　同じ構図

なのです。最近の課題というよりも，これまでの課題でもあったのです。だから，いつまでも課題に悩むのではなく，課題を解決するようにこちらも動かないと，いつまでたっ

ても何も変わらないのです。そもそもノートをどのような役割で使うのかといったことを授業者が考えておかないといけないということになります。「え？　板書って，ノートに写すことが当たり前では？」という意識を変えないといけないということです。だからこそ，根本から変革やDXを意識していく必要があります。

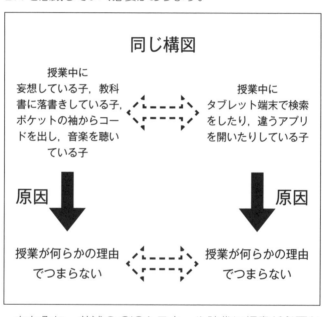

ちなみに，前述の GIGA スクール時代に板書が必要かどうか，タブレット端末を使う力とノートを書く力などだけでなく，同じ構図であることは他にもたくさんあります。

　子どもたちがノートを書く力が弱いということとタブレット端末を使う力が育っていないということとは同じ構図です。

同じ構図

板書は必要なのか
必要ではない

板書は必要ない
タブレット端末だけで
よい

原因

原因

板書を深めるためのツ
ールとして使用できて
いない

板書を深めるためのツ
ールとして使用できて
いない

同じ構図

ノートを書く力
が育っていない

タブレット端末を使う
力が育っていない

原因

原因

ノートを書く経験を
積んでいない

タブレット端末を使
う経験を積んで
いない

7 参観した授業・飛び込みした授業

▼ ▼ ▼ ▼ ▼ ▼ ▼ ▼ ▼

参観した研究授業から

タブレット端末を授業で使うだけで，課題2.0になるということはそもそも誤解
です。そんな単純なものではありません。

確かに，タブレット端末を使用すると，子どもたちは動き出します。そして，学びを深めることができます。ただ，

学びを深めていないにもかかわらず，子どもたちの動き出している姿を見て，「いい」と勘違いをしてしまう
ことが頻繁に起こっているのではないかと危惧しています。

２年算数「三角形と四角形」を例に，話を進めていきます。２年算数，タブレット端末，研究授業というと，この単元を選択される方がとても多いように感じます。実際に１ヶ月で3，4本の研究授業を参観しました。

本単元でも，

・導入場面（直線で囲む活動）
・三角形と四角形に１本直線を引くと，どのような形にわかれるのか

といった授業のどちらかでした。

今回は，「三角形と四角形に1本直線を引くと，どのような形にわかれるのか」の方の授業について取り扱います。この授業のねらいは，

・四角形，三角形を分割し，三角形や四角形を作る。

・2つの三角形・三角形と四角形・2つの四角形を作ることができるときのきまりに気づく。

です。

この授業は，

三角形や四角形に直線を1本引いて，2つの形にわけよう

という課題を提示し，以下のような三角形（左）をまず考え，その後，四角形（右）の場合について考えていくという展開が一般的です。

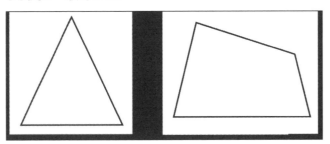

子どもたちはこういった活動が大好きです。実際に授業を参観しているとき，子どもたちはとてもアクティブでした。その様子を見て，こちらも笑顔になりました。

これまでは上記の三角形や四角形を紙のワークシートで配布し，取り組んでいましたが，タブレット端末が導入さ

れて以来，タブレット端末上でデータを送信し，子どもたちもタブレット端末上で行うという展開を多く見かけるようになってきました。

　以下に，参観した授業の授業後の板書を３つ再現してみました。結論から言えば，子どもたちはとてもアクティブでした。しかし，学びが深まったかと言えば，「うーん？」と思える内容でした。

　そのため，いくら子どもたちが動き出していようが，学びが深まっていなければ課題1.0と言わざるをえません。

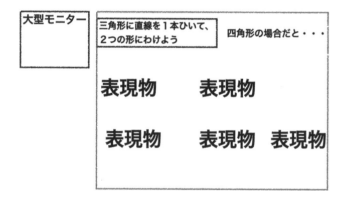

　子どもたちが紙に書き，何と何の図形にわかれるということを言い，黒板に貼っていきます。そして，先生はそれを整理して貼っていきました。黒板にはそういった，発表した子どもたちの表現物が溢れている授業でした。ただ，子どもたちの表現物を発表して，終わった授業でした。

大型モニター	三角形に直線を1本ひいて、2つの形にわけよう	四角形の場合だと・・・
	三角形と三角形	三角形と三角形
		三角形と四角形
	三角形と四角形	
		四角形と四角形

　上の板書の授業では，大型モニター上で子どもたちがど
のようにできたかを発表していきました。図形に直線が引
かれたものが発表されていきました。そして，どのような
かたちに分かれたのかを黒板に教師が書いていきました。
ただ，子どもたちの表現物を発表して，終わった授業でし
た。

大型モニター	三角形に直線を1本ひいて、2つの形にわけよう

前ページの板書の授業では，大型モニター上で子どもたちがどのようにできたかを発表していきました。ただ，子どもたちの表現物を発表して，終わった授業でした。

　黒板上に何も書いていないから，ダメと言いたいわけではありません。黒板に何も書いていなくても，子どもたちの学びが深まっていれば，何も問題はありません。

　余談になりますが，

黒板をしっかり書けている＝いい授業

という考えからは脱却しないといけません。板書を書いている，書いていないことよりも大切なことがあります。

　思い出してみてください。この時間のねらいは，

> ・四角形，三角形を分割し，三角形や四角形を作る。
> ・２つの三角形・三角形と四角形・２つの四角形を作ることができるときのきまりに気づく。

です。

　２つ目のねらいの話題になることなく，構成要素についても触れられることなく，子どもたちが作ったかたちの発表会で終わっている

ことが，先の３つの板書の授業では共通しており，私が協議会で共通で話をした問題点です。

　また，この授業のままでは，

デジタルでなくても，紙で取り組んだ方がいいのではないか

という話もしました。

タブレット端末の本を出している私です。どちらかと言えば，どんどんデジタルでしていこうよという立場の人です。これまで，デジタルでしていこうよと言ってきたものの，心の中では，正直アナログでもいいよな……と思っているときもありました。そんなときに出会ったのが，SAMR モデルでした。

SAMR モデル

課題2.0はタブレット端末との相性がいいということは，前述通りです。

しかし，タブレット端末の使い方が，72ページで示したように，教師視点の使い方であったりと，紙のワークシートの代替などの使い道だったりだけでは，有効な活用の仕方ができているとは言えません。

三井ほか（2020）は SAMR モデルを使い，ICT 活用事例の分類・整理を試みました。SAMR モデルにおける代替だと，強化にすぎません。

三井（2020）は，作業授業の例で以下のように説明をしています。

> S…原稿用紙に書いていたものをワープロソフトで書く
> A…ワープロソフトで自動的に文章校正（スペルチェック）を行う
> M…書いた作文を相互に発表し，感想を述べ合う従来

> 授業にタブレット PC を取り入れ，発表場面を撮影
> し，その動画を基に感想を述べ合う
> R…テレビ電話システムを活用して他校との作文の交
> 流授業を実施したり，作文発表の様子を動画配信で
> 同時に家庭に配信したりする

　私が考える本章で示したプリント学習の SAMR モデル
の場合だと，

> S…プリントを紙ではなくタブレット端末上で行う
> A…AI 型ドリルで，その子に応じたドリル練習を行う
> M…自分が必要だと思う学習内容の紙ドリルや AI 型
> 　ドリルを行い，お互いに教え合う
> R…家庭内で取り組んだことの続きを学校で取り組ん
> 　だり，学校で取り組んだことを家庭で取り組んだり
> 　とこれまでよりもよりシームレス化されたドリル学習

といったところでしょうか。正直なところ，「R」の姿は，
現時点で私自身具体的には想像することができません。
「R」は再定義なのです。
　なかなか MR は難しいことです。まずは A を目指し，
そして M へと授業を DX していく必要があります。
　そして，課題2.0は A を目指し，そして M へと授業を
DX していく必要がありますが，そうなっていないことが
あるということです。

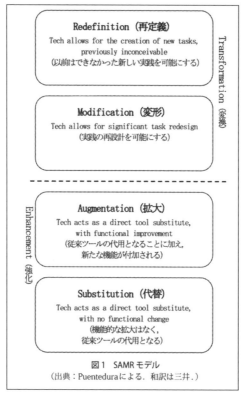

図1 SAMR モデル
（出典：Puentedura による．和訳は三井．）

小学校におけるタブレット端末を活用した授業実践の SAMR モデルを用いた分析
（三井一希，戸田真志，松葉龍一，鈴木克明（2020）教育システム情報学会誌　37（4）：348-3535より）

　昔のパソコンに最新の OS を入れても，最適には動きません。そもそもの本体自体を課題2.0では変えないといけないのです。でも，現実には昔のままの本体で授業を進めていることが多いのです。

先程の３つの授業では，これまで紙で行ってきたことをタブレット端末上に【代替】しただけのものです。この，

【代替】の段階ではデジタルではなく紙で取り組んでもいいんじゃないのか

という論争になってしまいます。

　発表の場も，先程の３つの授業では，これまで紙で行ってきたことをタブレット端末上に【代替】しただけのものです。この【代替】の段階ではデジタルではなく紙で取り組んでもいいんじゃないのかという論争になってしまいます。

　発表の場も紙で発表したものをデジタルを使っての発表へと【代替】しているということになります。

　こういった論争をなくすには，【拡大】【変形】といった段階へといかないといけません。

そもそもの問題

　なぜどの授業も，２つ目のねらいの話題になることなく，構成要素についても触れられることなく，子どもたちが作った形の発表会で終わってしまったのでしょうか。

　１つは，

子どもたちの「発表したい！」ということを優先した

ということが考えられます。授業者としては，子どもたちの「発表したい！」という様子を見ると嬉しくなるものです。子どもたちから「当てて！」「もっとあるよ！」「言い

たい！」といった声が聞こえたり，子どもたちが前に出て
きて話をしたりするといったアクティブな姿がたくさんあ
りました。

　もう１つ考えられることは，

そもそも２つ目のねらいを意識していなかった

ということです。これはタブレット端末がある・なし関係
なしのことです。教科書をただただこなしていく先生は，
このようなことを意識しないといけません。

　課題の話であろうが，タブレット端末であろうが，結局
は授業としてのねらいをしっかり持っておかないといけま
せん。

樋口が行った授業

　この内容を，私も飛び込み授業で行いました。その展開
を紹介していきます。

　まず，

□角形に直線を１本引いて，２つの形にわけよう

という課題を提示しました。すると，

　　・□の中には，三角形，四角形が入るのかな

　　・どんな形ができそうかな

　　・三角形や四角形ができそうじゃない？

といったつぶやきが聞こえてきました。タブレット端末の
授業でも，こういったつぶやきは大切にしていきます。

　みなさんは，子どもたちのつぶやきを授業で大切にして

いますか？

　子どものつぶやきを不規則発言と捉え，つぶやかせない
ようにするといった授業もあるようです。

　また，つぶやきを拾い，授業に活かしていくことは大切
だとは思いながらも，

　どのようにそのつぶやきを扱っていいのか

という悩みもよく聞きます。

　授業とは本当に関係のないつぶやきや，他の子どもたち
の学びの妨げになるようなつぶやきに対しては，指導をし
ましょう。私は，

　「そのつぶやきは周りの子の学びが深まるつぶやき？」

と問いかけるようにしています。

　しかし，それ以外は基本的には扱っていきたいものです。
このとき，

　そのつぶやきによって，周りの子がどのような見方・考
え方を働かせることになるのか

ということを授業者として，意識するようにしています。
これは，つぶやきに限らず，子どもたちの誤答などに対し
てもです。

　しかし，これまでの授業でこういった子どものつぶやき
を大切にしなかった人は，これからも大切にしないことで
しょう。残念ながら，子どものつぶやきを不規則発言と捉
え，つぶやかせないようにすると，98ページの絵のような

授業になっていくことでしょう。

　子どもたちのつぶやきをもとに話をしながら，現段階で
みんながどのように考えているのかを聞くことにしました。

| 三角形 | 四角形 | どちらも | わからない
できない
迷っている |

　自分が持っている考えのカードを提出します。三角形だ
としたらグリーンのカードを提出します。

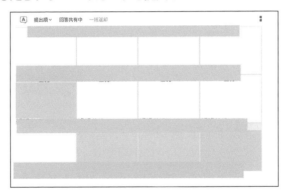

　提出箱を見ると，このようになります。これは子どもた
ちも見ることができるようになっています。そうすること
で，誰がどんな考えなのか，先生も子どももわかるように
なります。すると，

先生が指示をしなくても勝手に対話が起こる

という現象が起こります。しかし，そういった勝手な対話
をつぶやき同様に不規則発言，学習規律が乱れていると感
じてしまう人はこういった対話を認めないことでしょう。

　この時の授業も，提出された考えを見て，

　「四角形だけの子も多いんだ」

　「やっぱりどちらも多いよね」

といった声が聞こえてきました。そういった声のなかで，

　「〇〇さん，どうしてできないの？」

と言い，わからないというカードを出した子に寄り添い，
悩みを解決しようとしている姿がありました。寄り添った
子は，その子から遠く離れた席の子でした。

　そこで，この子の悩みを全体で共有することにしました。
この悩んでいる子は，「こっちで使うとこっちで使えない
よ！」と言っていました。そこで，もう少し聞いてみると，
「左の三角形で３本の辺を使うと，右の方で２本しかない」
と右の図を書きながら，話をしたのです。

　この子は真ん中に直線を引くと，２つの辺が生まれるということがわからなかったのです。そこで，紙で用意していた三角形に直線を引き，実際にハサミで切って，２つの辺が生まれるということを全体で確認しました。

　その後，「三角形でどのような形が作れるのか，調べてごらん」と言い，それぞれが考える時間を設けるようにしました。

考えてみようと言わずに

　私はここ最近，子どもたちに「考えてみよう」と言わずに，

- ・試してごらん
- ・調べてごらん
- ・チャレンジしてごらん
- ・答えまで辿り着かなくても大丈夫

・どうしてそうなるんだろうね

　　・おもしろそうだね～

などの言葉かけをすることが増えました。

　また，このとき子どもたちに伝えたのは，

　①1人で取り組んでもいいし，グループで取り組んでも
　　いい

　②タブレット端末上ではなく紙で取り組んでもよい

　③提出箱の作成

ということです。

　①は言葉通りに，1人で取り組んでもいいし，グループ
で取り組んでもいいということにしました。子どもたちは
席や椅子を動かしながら，声を掛け合い，グループで取り
組んだりしていきます。1人でじっくり考える子もいれば，
複数人で悩む子がいたり，多様な考えを出そうとしたりし
ている姿が見られました。

　②は自分が考えやすいのがタブレット端末であればタブ
レット端末で，紙がいい子は紙で取り組む，といったよう
に自分で学び方を選択できるようにしました。子どもの中
には紙で行ったものを写真に撮っている子もいました。

　③は途中段階でもいいので，自分の考えを出してもらう
ようにしました。そうすることで，途中段階でもどの子が
どのような考えをしているのかを把握することができるか
らです。

　子どもたちが活動しているときは，先生は前で座ってお
くのではありません。もし座っている場合は，前から子ど

もたちの様子をじっくり見ておいたり，質問などに子どもたちがすぐに来れたりするようにしておきます。

　基本的にはグルグル動き回り，子どもたちに話をしていきます。グルグル動き回るのは，「誰を指名しようか」「歩いているだけ」ということが目的ではありません。

**　一人ひとりに応じた声かけ，子どもへのフィードバックをすることが目的**

です。

　「それ，いいね！」

　「そんな考えもあるんだ〜」

　「どこで困っているの？」

　「まだまだいけるんじゃないの？」

　「その調子！」

など，どんどん子どもたちに声かけをしたり，いいねポーズをしたりしていきます。

　タブレット端末が入ってきて，一人ひとりに応じた声かけやフィードバックの量が増えました。提出箱を作っておくことで誰かと話をしながら，タブレット端末上で他の子どもたちの様子を把握することができます。

　ただ，これまで以上に子どもたちの考えを把握することができるため，「先生が前にずっと座ってサボっている」ということができたり，「教師の都合で子どもを指名していくための材料集め」のためにタブレット端末を使用したりされることはマイナスです。これでは，課題2.0は機能しません。

全体で交流するときには

　全体で考えを交流する前に，最近は，

①提出箱に提出

　提出箱に出された他の子たちの考えを見る時間を設けます。そして，自分に不足している考えや情報を自分のもとに持ってきます。

　（学習支援アプリによってこのようなことができないケースもあります。）

②立ち歩き

　立ち歩いて，自分のタブレット端末を見せながら，自分の考えを説明する時間を設けます。そのときに，わからないことや不思議なことなどがある際には相手に聞くようにしておきます。ここに遠慮はいりません。そして，自分に不足している考えや情報を自分のもとに持ってきます。

といったことを行っています。これは，タブレット端末だからこそできることです。

　共通していることは，自分に不足している考えや情報を自分のもとに持ってきておくということです。

イメージは以下の画像です（左は交流前，右は交流後）。

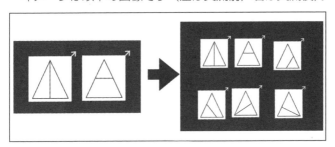

　これまでの授業は，基本的には，黒板の前で１人が発表し，他の子どもは聞いている受信がメインでした。しかし，このような活動を行うことで，子どもたちの，

**　表現する量，受信する量が増加**

します。

　また，これまでの授業は考えるために欲しい情報が黒板にあることが多かったです。全体の交流のときには，黒板にみんなの考えを書くことがほとんどでした。しかし，

**　自分の手元に欲しい情報がある**

ということになります。これも課題2.0ではスタンダードになります。

　そして，全員の考えを知ることには時間がかかるのがこれまででした。しかし，提出箱の機能などを使うと，

**　みんなの表現**

を知ることがこれまで以上にスムーズにできます。実際の授業では，「②立ち歩き」を行いました。

全体の場

　全体の場では，タブレット端末上で子どもたちに発表させるのではなく，三角形の紙を黒板に貼り，直線を子どもたちに書いてもらうことにしました。

　そして，書き始めぐらいで「ストップ！」と言い，直線を書くのをストップさせ，「どんな形ができると思う？」と子どもたちに問うたのです。

　子どもたちは三角形ができるとか四角形ができるとか三角形と四角形ができるとか言っています。そこで，さらに「どうしてわかるの？」と聞き返しました。

　すると，子どもたちは「頂点から〜」「辺と辺〜」などと，この授業のねらいの２つ目である，きまりに着目し始めたのです。当初はデジタル上だけでしようと思ったのですが，授業中に急遽変えました。なぜなら，子どもたちはやはり自分が表現したものを発表したいと思っている子が多くおり，きまりの話にならないと思ったからです。そして，私自身，

「２つの三角形・三角形と四角形が作れるときのきまり」
に着目するためなら，デジタルでもアナログでもどちらでもよい！
と思っているからです。そのため，この授業は上記のような方法で進めていきました。

勝手にタブレット端末を……

　子どもたちの中で，頂点から辺に直線を引いたときはこんな形と形が，辺から辺のときには……ということがわかり始めた頃，タブレット端末を触り始める子たちが数人いました。授業者として，正直，この子たちは違うことをしているのではないかと思いました。

　そこで，何をしているのかと聞いてみたところ，ある子たちは「整理をしている」と言いました。もう少し聞いてみると，「整理をしている」と言った子は右のように，自分たちでペンを使ったり，動かしたりして整理をしていたのです。その子たちが整理をしていることを知った子

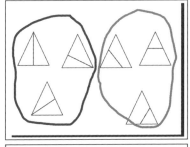

たちのなかには，「私たちも整理をしたい」と言い，整理をし始める子たちもいました。

　また，「四角形について考えている」という子もいました。この子は三角形で学習したことが四角形の場合にはどうなるのかということを試そうと動いていたのです。上のような四角形を取り出したり，自分で四角形を描いたりし

て取り組もうとしていました。

　そこで，右の図形を子ど
もたちに送信し，四角形に
ついて考える時間を設けま
した。

　子どもたちは三角形で学
習してきたことをもとに考

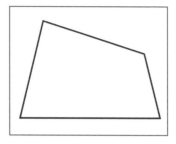

えていました。全体の発表の場でも，きまりについて話し
合いをしていましたが，子どもたちは以下の分け方に着目
し，この図形は何なのか，五角形と言えるのかといったこ
とを話し，授業を終えました。

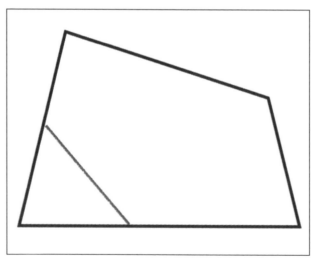

　五角形について子どもたちと話し合うことは当初想定し
ていませんでした。しかし，構成要素について話をしてい
ることから，この活動は有効であったと考えています。

4

子どもたちの
学びが深まる
「シン課題」

1 シン課題

課題2.0のその先へ

では，ここまでに紹介してきた課題2.0が効果的ではない，有効ではないかといえばそうではありません。

課題2.0について，子どもにアンケートを実施しました。すると，

「どのようなことをすればよいのかわかりやすい」

「どこまですればよいのかがわかりやすい」

「とても楽しい！」

ということがとても多く書かれていました。

こういったことに子ども自身が気づくことで，

・問題を解決するためにはどのようなことをすればよいのか

・問題をどこまで解決すればよいのか

・学習とは楽しいものである

といったことを身につけるために，課題2.0を利用すればよいのです。課題2.0で身につけたことを使って，さらなるアップデートされた課題である「**シン課題**」に取り組めばよいのです。そのため，課題2.0を以下の図のようにア

ップデートすればよいのです。

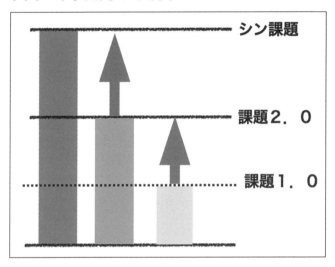

このシン課題は,

・教壇から動かない先生

・何も板書されていない黒板

・動かない子ども

・常に下を向いている子ども

・大型モニターの画面の共有のみ

・コロナ禍で仕方ないところもあるが, 子どもたちは
　黒板の方に向けての座席配置

・タブレット端末だけで進んでいる授業

といったことが解消される課題です。だから, 解消しない
のであれば, それはシン課題ではありません。

2 シン課題の授業例

5月20日の理科の授業

　ここでは，3年生理科の授業を2つ紹介します。2つの実践を比較してみましょう。

　いつものように，日付を書き，「今は気温は何度かな」と子どもたちに聞きました。

　そして，

アゲハチョウとコオロギの成長の仕方の共通点・違う点を見つけよう

という課題を提示しました。

　すると，子どもたちから「アゲハチョウとコオロギのどちらも昆虫だよね」といったつぶやきが聞こえてきました。そのつぶやきに対して，

　・アゲハチョウとコオロギのどちらも昆虫だと思う子はパー

　・アゲハチョウだけが昆虫だと思う子はグー

　・コオロギだけが昆虫だと思う子はチョキ

　・ナイショはバンザイ

を出してもらうようにして，それぞれの意思表示を行うようにしました。

　そして，この課題に対してのめあてを子どもたち各々が作り，めあてを書けた子たちは立ち歩き，めあてを交流していきます。

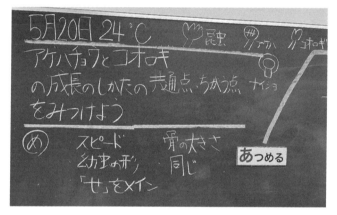

　全体でめあての交流をした後は，私が用意をしたアゲハチョウの育ち方とコオロギの育ち方の動画を見て，それぞれにまとめていきました。

　そして，司会の子，板書する子を希望者から指名し，全体で考えを共有していきます。理科では自分たちで話し合いをしていくという取り組みをしています。

　このときの私は子どもたちの話を聞いたり，疑問点，追加情報，話の整理をしたりしました。

　そして，最後に大切なことは何か，共通点・相違点などの視点でまとめを行い，昆虫の違いを全体で確認しました。

　授業の最後に自分のめあてに対しての振り返りを行い，

この授業を終えました。

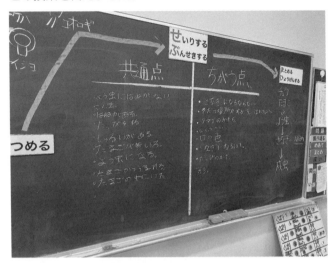

6月8日の理科の授業

　先程紹介をした授業から2週間後の理科の授業です。

　いつものように，日付を書き，「今は気温は何度かな」
と子どもたちに聞きました。

　そして，

　　トンボの育ち方とバッタの育ち方についてまとめよう

という課題を提示しました。

　すると，子どもたちから，トンボの育ち方とバッタの育
ち方について，「同じだ！」「違うよ！」といったつぶやき

が聞こえてきたので，子どもたちに，「トンボの育ち方と
バッタの育ち方は同じなのか，違うのか」を挙手で意思表
示させました。違うということが大多数を示していました。

　この課題に対してのめあてを子どもたち各々が作り，め
あてを書けた子たちは立ち歩き，めあてを交流していきま
す。

　全体でめあての交流をした後は，私が用意をしたトンボ
の育ち方とバッタの育ち方の動画を見て，それぞれにまと
めていきました。

　その後，全体で育ち方を共有しようとしたときに，数人
の子どもたちから，

　「先生，いつものように同じ・違うの表を書いてよ」

というリクエストがありました。実はそれぞれでまとめて
いく段階で，

　・ノートに表を自分で書いて

　・タブレット端末上でベン図を使って

まとめている子がほとんどでした。

　そこで，黒板に描き，司会の子，板書する子にバトンタ
ッチをし，子どもたちの話を聞いたり，疑問点，追加情報，
話の整理をしたりしました。

　そして，最後に大切なことは何か，共通点・相違点など
の視点でまとめを行い，自分のめあてに対しての振り返り
を行い，この授業を終えました。

２つの授業を比較して見えてくるもの

　では，まず２つの授業の課題を比較してみましょう。

　・１つ目，アゲハチョウとコオロギの成長の仕方の共通
　　点・違う点を見つけよう

と，

　・２つ目，トンボの育ち方とバッタの育ち方についてま
　　とめよう

です。この課題を比較したとき，具体的に書かれているの
は，１つ目の「アゲハチョウとコオロギの成長の仕方の共
通点・違う点を見つけよう」です。共通点・違う点を見つ
けたらよいというゴールが具体的です。しかし一方の２つ
目の課題では，「まとめよう」と表記をしています。

　前述通りに考えると，

　・１つ目，「アゲハチョウとコオロギの成長の仕方の共通
　　点・違う点を見つけよう」が課題2.0

　・２つ目，「トンボの育ち方とバッタの育ち方についてま

とめよう」が課題1.0

というように考えることができます。しかし，子どもたちはどうでしょうか。

「先生，いつものように同じ・違うの表を書いてよ」というリクエストがあり，この子以外にも多くの子が賛同をしていたのです。

つまり，子どもたちの意識のなかに，

共通点・違う点を見つけることでまとめることができる

ということがあったのです。

これは，「アゲハチョウとコオロギの成長の仕方の共通点・違う点を見つけよう」という課題2.0で，

学び方を子どもたちは学んでいた

ことをさします。

学び方が身についているため，子どもたちは「まとめよう」で動き出すことができるのです。動き出せる子どもたちにとっては，

課題2.0のような具体的に書かれていることは不必要，妨げになるのです。

このように考えると，「トンボの育ち方とバッタの育ち方についてまとめよう」は課題1.0ではないのです。ただ，課題2.0とは言えない……。そう，こういった課題が，

課題2.0の先である，シン課題

なのです。

具体的であった課題2.0が抽象的になるのがシン課題

なのです。

学び方を身につけた子どもたちにとっては，具体的な課題は必要ではなくなる

ということです。

課題以外の共通点を探る

　課題以外に着目をしてみましょう。この２つの授業には共通する授業の進み方がいくつかあります。

①子どものつぶやきからそれぞれの意思表示
　１つ目では「アゲハチョウとコオロギは昆虫かどうか」，２つ目では「トンボの育ち方とバッタの育ち方は同じなのか，違うのか」と聞いています。正直，これは子どもたちのつぶやきがあったため行ったことであり，
　偶然のものであり，毎回必ず行っていることではない
のです。

②めあて作り
　課題に対して，各々がめあてを作るという実践に取り組んでいました。めあてとは，
　目指す「活動の姿」「ゴールとそれまでの道筋」
のことです。
　板書のめあてを確認すると，
　・育ち方のスピードに着目しためあて

　・共通点や相違点を○点見つけるといっためあて

　・整理することをがんばるといっためあて

など多岐に渡ります。子どもたちが作っためあては，基本的には教師が否定することはありません。

　めあての交流をすることで，自分自身でめあてをアップデートしたりすることができます。また，めあてを思いつかなかった子は，他者のめあてを参考にすることができます。思いつかない子は他者が考えためあてを書き写してもよいことにしています。

　先程は，めあてが書けた子は立ち歩いて交流と書きましたが，正確に書けば，

**　めあてが思いついていない子，めあてに悩んでおり相談したい子たちも立ち歩いて，交流をしています。**

　これらのめあては教師が作ったものではありません。子どもたちが作成したものです。だから，

**　子どもたちは自分事**

になっています。自分事になると，子どもたちは動き出します。

　自分事のめあてを作成しているため，このめあてに対して自分の学び方はどうだったのかということを，授業の最後には，振り返ることができています。

③調べたいことは調べる

　1つ目の授業では，アゲハチョウとコオロギの成長の仕方がわかる動画を子どもたちに提示しています。2つ目の

授業では，トンボの育ち方とバッタの育ち方がわかる動画を子どもたちに提示しています。

　子どもたちにはこれらのことだけでなく，

　　知りたい情報があれば先生に許可をとらなくても検索してもよい

ということにしていました。育ち方のスピードに着目した子たちは私が提供した2本の動画ではわからなかったため，検索をして，自分たちの考えをまとめていました。

　新学期当初，「先生，検索してもいい〜？」「話し合ってもいい？」と聞きにくる子たちがいます。そういった子たちが私に聞かなくても，自分たちで自然と取り組んでいくことを目指していきます。そういった子たちはシステムに慣れないのか，先生の指示でないことをすると怒られるのではないかと思っていることでしょう。

④授業の流れ

　授業の流れを，

　・課題の設定

　・情報を集める

　・情報を整理・分析する

　・情報をまとめる・表現する

という探究サイクルで行っていました。3年生の子どもたちがこのサイクルを常に意識することができるように，

　・あつめる

　　・せいりする

　　・ひょうげんする

の頭文字をとって，「あ・せ・ひ」サイクルと名づけました。

⑤子どもが司会の話し合い

　どちらの授業も，話し合いの場では子どもたちが司会をして話を進めていき，板書も子どもたちがしていました。

　そして，私は子どもたちの話を聞き，

　途中で疑問点を投げかけたり，

　追加情報を言ったり，

　話の整理をしたり，

　子どもたちの考えや学び方の意味づけ

をしていました。

　このように見ていくと，課題だけでなく，２つの授業に共通することがたくさんあることがわかります。

７月の理科の授業は？

　７月に入って行っていた理科の授業で示したものは，以下です。

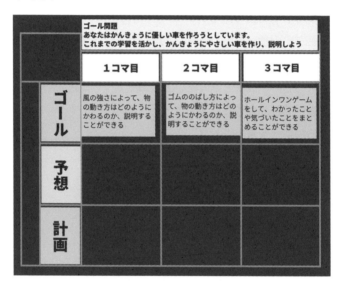

　課題がどんどん抽象的になっています。

　子どもたちにとって，本格的に実験を行っていく単元です。

　そこで，予想→実験計画→実験→結果→考察→まとめといった授業の新たな学び方を１コマ目に説明し，教えました。

　「まとめるときには，比較が大事だよね」といったつぶやきが聞こえてきました。これは，ここまでの授業の学び

方が子どもに身についていることになることを表したつぶ
やきでもあります。146～155ページで紹介してきた2つの
理科の授業と共通することを，この単元でも子どもたちは
行っているのです。

　2コマ目以降は，予想→実験計画→実験→まとめ→考察
といった授業の学び方でどんどん授業を進めていきました。

　**授業の学び方がある程度身につけば，子どもたちに任せ
ることができる**

のです。ある程度というところがポイントです。完璧なと
ころまでを目標にしていれば，いつまでも任せることはで
きません。

　私にとってのある程度というのは，

　3，4割程度

です。低いです。どんなことにも言えることですが，完璧
に，100％できてから，次のステップという意識は変えた
方がよいです。きっとその意識によって，子どもたちを苦
しめてしまうということもあるかもしれません。

　任せていくなかで，子どもたちが成長をしていけばよい
と考えています。

　課題2.0がいつのまにかシン課題になっている

　そんな感覚を私は持っています。だから，ここまでに紹
介してきた課題は課題2.0でもあり，シン課題でもあると
考えています。

3 シン課題に取り組んでいるときの子どもたち

▼▼▼▼▼▼▼▼▼▼▼

個別で取り組まなくても，動かなくてもよい？

　98ページに課題2.0の闇として先生がずっと座っている絵を載せました。こういった姿は問題があるということは，前述の通りです。この絵の子どもたちは，個別で学習を進めています。子どもたち視点で考えると，「課題」にも問題があるのかもしれません。

　これらの画像のような授業の課題は，

子どもたちにとって個別で取り組むことで済む課題

なのかもしれません。協働する必要がないので，下を向いている状態なのかもしれません。一人で黙々と課題をこなしたらいいのです。そんな授業が6時間も続くのであれば，学校に来る必要はあるのでしょうか。

　また，そういった課題は先生にとっても，

教卓から動かなくても済む課題

なのかもしれません。まさか，教卓から動かなくてもいいように，このような課題をつくっている方はいないと思いますが……。

　シン課題に取り組んでいるときは，画像とは全然違う姿があります。それでは，樋口学級の様子を一部紹介します。

考えるときは一人で学ぶのか，グループで学ぶのか

下の写真は，理科の授業の樋口学級の様子です。

　グループに分かれて，自分の考えを交流しています。この写真をよく見てみると，1人で取り組んでいる子もいます。

　この子はグループに入ることができずに，ひとりぼっちになっているわけではありません。自分で選択をして，このようになっています。

　なかには，誘いづらい子もいます。そういったときは，近くの子たちで4人グループを作るように指示をすることもあります。

ホワイトボードを使う

　下の写真は，子どもたちが考えをまとめようとホワイトボードを持ち出し，自分の考えがあるタブレット端末を見ながら，ホワイトボードに書きつつ，話をしている様子です。自分の考えを共有するためのツールの１つとして，使用している場面です。

　このような道具を用意しておき，「こんな場面で使ったらどう？」と提案をしたり，使っている子の様子を紹介したりします。

　しかし，最終的に使用するかどうかは子どもたち次第です。使わなくても構いません。

２本の動画を２台の端末で

　この写真は，２本の動画を２台の端末でそれぞれ再生し，課題について考えているところです。同じ視点の動画を見たほうが，考えをまとめやすいからだそうです。

　私には思いつかなかったアイディアです。デジタルネイティブの子どもたちは，発想も自由です。こういったアイディアは全体でもどんどん紹介していきます。

　すると，真似をする子たちがどんどん増えていきます。しかし，しばらくすると真似をする子は減っていきます。きっと，自分たちのなかで有効かどうかということを判断しているのでしょう。

自分の考えをまとめる場面

　自分の考えをまとめるときに，タブレット端末かノートなのかは自分で選択させるようにしていました。どちらを選択するかは，

自分が学びを深めていくことができる方を選択

するように子どもたちには伝えています。

　そして，私もどちらの方が子どもたちの学びを深めていくために有効かということを一つの判断基準として持っています。

教室の外に飛び出る

　次のページの写真の子どもたちは教室の出たところにある靴箱を机がわりにして，それぞれで動画を見たり，ときには話し合ったりしています。

　イヤホンがなく，教室で全員で個別に動画を見ると，わかりづらくなるということがありました。

162

　そのため，教室の外に出て，このような活動をしはじめたのがスタートでしたが，イヤホンをしていないため，いつでも話をすることができるのはイヤホンをしていないことのよさでもあります。

　もちろん安全面を考えて，教師の見える範囲で行うようにしています。何かあったときはすぐに駆けつけることができるようにするためです。活動中はグルグルグルグルと動き回ります。

　よく子どもたちがタブレット端末の操作をしていると，何をしているかわからないと言われる方に出会うことがあります。そういったときには，教室をグルグル回って，子どもたちの様子を見ればよいのです。そうやって，子どもたちが何をしているのか，情報を集めたらよいのです。そもそもそれも119ページで言っていることと，同じ構図なのです。タブレット端末以前からグルグル周り，子どもたちのノートや表情などを見ていたのかということです。教

室で座っていては，安全面を含め，子どもたちの様子を全く見ることができないということです。

子どもが全体発表の場で司会をする

学習内容によって，子どもたち自身で司会をしたり，板書をしたりしていきます。

このようなことに取り組むには意図があります。また，最初はなかなかうまくいかないこともあります。しかし，何度も取り組んでいくなかで，子どもたちは共に学びを深めていこうと活動することができるようになります。

子どもたちはどの考えの子からあてようかとはほとんど考えていません。もちろん，途中で話をつなげたりすることはあります。しかし，基本的にはバラバラのことが多い

です。そして，挙手している子全員を指名したいという思いがあるのかもしれません。

　思い出してみてください。教師がこのような話し合いの場で，バラバラにあてたりすることはあるでしょうか。全くないとは言いませんが，多くの場合，

　　・本時のゴールを達成するためにはどう指名していったらいいのか
　　・考えを深めていくためにはどう指名していったらいいのか

などの最短距離を考えがちではないでしょうか。

　私たちの会議を思い出してみてください。最終的には収束していくかもしれませんが，会議の前半はお互いの考えを言い合い，どちらかと言えば，拡散されていませんか。バラバラのようななかでも共通点がある，考えが強化されていく，洗練されていくといったこともあるでしょう。時には，全く違う考えにいくこともあるでしょう。そういった経験を子どものころから積ませておくことも大切なのではないでしょうか。そのため，私は時間によってはこのように取り組ませるときがあります。

　このときの私は教師用の机に座ったり，教室の後ろにいたり，司会をしている子たちの座席に座ったりしています。座って，子どもたちの話を聞き，メモをするようにしています。次のページに載せているのが，（違う時間の授業で）私が書いたメモになります。

　メモには，

子どもたちの考えを整理整頓しながら書いた上で，

　　・どのようなことが不足しているのか

　　・どのように考えをつなげていこうか

　　・どのようなことを子どもたちに伝えたら考えが深ま
　　　るのか

などのことを考えながら書いています。場合によっては，
前述のように，途中で止め，話をするときもあります。私
だけが見るメモなので字などは汚いですが……。

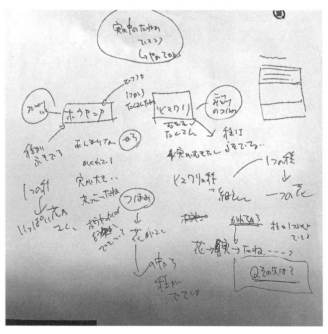

4 問いの可能性

問いの質

　問いと課題2.0の関係については，前述通りですが，もちろんシン課題にも関わってくることです。そして，少し話を戻します。

　110ページで Instagram で見た問題を紹介しましたが，このとき，みなさんはどのような問いを持たれたでしょうか。以前，あるセミナーで受講者に聞いたとき，以下のような問いが出されました。

　・本当にそうなるのかな？

　・計算してみたいな

　・え？　どういうこと？

　・違う数値のときはどうなるのかな？

　・どうしてそうなるのかな？

　みなさんが思い浮かんだ問いはあったでしょうか。子どもたちが考える問いに不適切な問いはありませんが，問いによって質が異なります。上記の問いを私は次の2種類に分類してみました。

167

（算数の学習場面・数学的事象からの）興味・関心の問い

・本当にそうなるのかな？

・計算してみたいな

・え？　どういうこと？

深い（学びを実現する）問い

・違う数値のときはどうなるのかな？

・どうしてそうなるのかな？

「本当にそうなるのかな？」「計算してみたいな」「え？どういうこと？」といった問いは，数の学習場面・数学的事象に対しての学習者の興味・関心といった問いと言えるでしょう。

　一方で，「違う数値のときはどうなるのかな？」「どうしてそうなるのかな？」といった問いは，統合・発展的な問いと言えます。そのため，これらの問いは深い学びを実現する問いと言えることでしょう。私は算数科における深い学びを統合・発展と捉えています。

　統合とは，「異なる複数の事柄をある観点から捉え，それらに共通点を見いだして一つのものとして捉え直すこと。発展的に考察を深める場面では，統合的に考えることが重要な役割を果たしている」。

　発展とは，「物事を固定的なもの，確定的なものと考えず，絶えず考察の範囲を広げていくことで新しい知識や理

解を得ようとすること」。

　これらの言葉をもう少し簡単にするために，統合について，中島（1981）の言葉を借りると，

　統合とは，

集合・拡張・補完

ということになります。

　・関連づける

　・既習の事項と結びつける

ということも言えます。

　一方の発展とは，

　・条件を変える

　・適用範囲を変える

　・新たな視点から問いなおす

ことと言えます。

ためらい

　前述のように様々な問いが子どもたちのなかから出てきたとき，その問いを子どもたちは解決したい気持ちになっていることでしょう。

　それぞれの問いを解決する時間を設けるだけで，シン課題や課題2.0になることでしょう。そして，今話題の個別最適な学びや協働的な学びにつながるのです。

　しかし，多くの場合は，その問いをクラスで統一しようとしてしまいます。統一された問いを，みんなで考えてい

くという授業が展開されがちです。しかし，それはなかな
かできない気持ちもわかります。

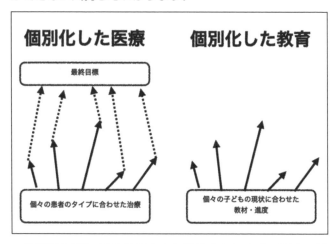

個別化した医療　　個別化した教育

最終目標

個々の患者のタイプに合わせた治療

個々の子どもの現状に合わせた
教材・進度

　教育は医療に例えられることが多くあります。医療では
個々の患者のタイプに合わせて治療を行い，「完治する」
という最終目標に向かって，それぞれ個人の状況や実態に
合わせて行っていきます。

　この状況を教育に当てはめてみます。それぞれの問いを
個々で行います。しかし，最終目標が定まっていません。
そのため，個々に大きな差が広がってしまうことが考えら
れます。そのため，常にそれぞれの問いについて，問いを
考えるという授業には，どうしてもためらいがうまれてし
まいます。

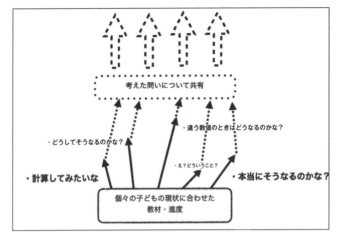

そこで，例えば上記の図のように，

・それぞれの問いについて考える時間を時々設ける

ということも考えられます。他にも，

・それぞれの問いに対する考えを共有することによって，
みんなで考える時間を設ける

といった授業展開を考えることもできるでしょう。他には，

・どのような問いが出てきたのかを全体で交流し，その
中から選択をする

ということもできるでしょう。

そもそも，シン課題の問いでは，

・問いは問いにつながる

・問いにつながらない問いは，問いではないのかもしれ
ない

とも考えられます。問いを連続させる。そんなイメージで，
シン課題を設定してみてもよいかもしれません。

5 最後に……

　これまでにもとても素晴らしい教育実践が数多くありますが，このシン課題の構図にあてはまることが多いのではないかと，おこがましいですが，思うことがあります。例えば，

　・佐藤学氏が提唱している「学びの共同体」
　・木村明憲氏が提唱している「単元縦断×教科横断」
　・葛原祥太氏が提唱している「けテぶれ」
　・西川純氏が提唱している『学び合い』
　・自由進度学習

などは，学び方を身につけ，教科としての学びを深めようとしていると私は分析をしています。

　やはり，学び方＋教科としての学びがセットになっていないと，これからの GIGA スクール時代の授業はしんどくなるのではないかと考えています。これらが見えない教育実践があるのも事実です。

　学び方はやはり教えないといけません。教科としての学びは，子どもたちの気づきからがスタートです。

　今，みなさんが取り組まれていること，目標としている教育実践に，この学び方＋教科としての学びがセットになっているかという視点で見直してみてください。

おわりに

　最後までお読みいただきありがとうございました。課題2.0，シン課題，いかがだったでしょうか。

　「はじめに」でも書きましたが，「課題2.0」「シン課題」によって，「子どもたちが自ら動き出します」「どの子も顔が真剣になります」「子どもたちが学びを深めていきます」といった子どもの姿を見ることができます。その結果，先生自身が授業がとても楽しくなります。また，先生自身の立ち位置も，教える一教わるという関係も変わっていくことでしょう。

　私の好きな言葉で，The easy way has no meaning という言葉があります。この「課題2.0」「シン課題」の実践は簡単ではないかもしれません。そもそも楽して，手に入るものは楽しくないかもしれません。楽ではないからこそ，手に入れたとき，継続的に楽しいと思うのでしょう。「楽（らく）」を選択するのか，「楽しさ」を選択するのかは読者の皆さんに任せられています。是非，子どものため，そして何より自分のために「課題2.0」「シン課題」に取り組んでいきませんか。

　最後になりましたが，企画をいただいたときからあたたかく見守っていただき，出版に至るまでお力添えいただきました明治図書出版の及川誠氏，杉浦佐和子氏には大変お世話になりました。この場を借りて心よりお礼申し上げたいと思います。

樋口万太郎

【参考・引用文献】

・蓑手章吾『子どもが自ら学び出す！自由進度学習のはじめかた』2021，学陽書房
・樋口万太郎『GIGA スクール構想で変える！1人1台端末時代の算数授業づくり』2021，明治図書
・樋口万太郎『学習者端末 活用事例付：算数教科書のわかる教え方 1・2年』2022，学芸みらい社
・土居正博『クラス全員のやる気が高まる！音読指導法 学習活動アイデア＆指導技術』2021，明治図書
・柴田義松『ヴィゴツキー入門（寺子屋新書）』2006，子どもの未来社
・ヴィゴツキー著／柴田義松訳『思考と言語 新訳版』2001，新読書社
・白石範孝『白石範孝の国語授業の教養 活動の「目的・方法・つながり」を考える』2022，東洋館出版社
・文部科学省『小学校学習指導要領解説（平成29年告示）算数編』
・中島健三『算数・数学教育と数学的な考え方』1981，東洋館出版社
・広田照幸『学校はなぜ退屈でなぜ大切なのか』2022，筑摩書房

【著者紹介】

樋口　万太郎（ひぐち　まんたろう）

1983年大阪府生まれ。大阪府公立小学校，大阪教育大学附属池田小学校，京都教育大学附属桃山小学校を経て，香里ヌヴェール学院小学校に勤務。教職19年目。「子どもに力がつくならなんでもいい！」「自分が嫌だった授業を再生産するな」「笑顔」が教育モットー。

日本数学教育学会（全国幹事），全国算数授業研究会（幹事），関西算数授業研究会（元会長），授業力＆学級づくり研究会（副代表），「小学校算数」（学校図書）編集委員。

〔単著〕

『GIGA スクール構想で変える！１人１台端末時代の授業づくり』『GIGA スクール構想で変える！１人１台端末時代の算数授業づくり』（明治図書）

〔共著〕

『GIGA スクール構想で変える！１人１台端末時代の授業づくり２』『GIGA スクール構想で変える！１人１台端末時代の国語授業づくり　説明文編』『GIGA スクール構想で変える！１人１台端末時代の国語授業づくり　物語文編』『GIGA スクール構想で変える！１人１台端末時代の学級づくり』（明治図書）

子どもたちの学びが深まるシン課題づくり

2023年６月初版第１刷刊　Ⓒ著　者　樋　口　万　太　郎
発行者　藤　原　光　政
発行所　明治図書出版株式会社
http://www.meijitosho.co.jp
（企画）及川　誠（校正）杉浦佐和子
〒114-0023　東京都北区滝野川7-46-1
振替00160-5-151318　電話03(5907)6703
ご注文窓口　電話03(5907)6668

＊検印省略　　　　組版所　株　式　会　社　カ　シ　ヨ

Printed in Japan　ISBN978-4-18-310129-7
もれなくクーポンがもらえる！読者アンケートはこちらから